U1014677

毛泽东经典著作研读系列丛书

总主编 / 康沛竹　艾四林

《纪念白求恩》《为人民服务》《愚公移山》研读

康沛竹　吴　波◎著

中国出版集团
研究出版社

图书在版编目 (CIP) 数据

《纪念白求恩》《为人民服务》《愚公移山》研读 / 康沛竹，吴波著．-- 北京：研究出版社，2021.1

ISBN 978-7-5199-0913-0

Ⅰ．①纪… Ⅱ．①康… ②吴… Ⅲ．①毛泽东著作研究 Ⅳ．①A841

中国版本图书馆 CIP 数据核字 (2020) 第 130319 号

出 品 人：赵卜慧

责任编辑：刘春雨　胡亚丽

《纪念白求恩》《为人民服务》《愚公移山》研读

JINIAN BAIQIUEN WEI RENMIN FUWU YUGONG YISHAN YANDU

康沛竹　吴　波　著

研究出版社 出版发行

（100011　北京市朝阳区安华里 504 号 A 座）

北京隆昌伟业印刷有限公司　新华书店经销

2021 年 1 月第 1 版　2023 年 1 月北京第 2 次印刷

开本：787 毫米 × 1092 毫米　1/32　印张：8

字数：128 千字

ISBN 978 – 7 – 5199 – 0913 – 0　定价：58.00 元

邮购地址 100011　北京市朝阳区安华里 504 号 A 座

电话（010）64217619　64217612（发行中心）

版权所有 • 侵权必究

凡购买本社图书，如有印制质量问题，我社负责调换。

总主编简介

康沛竹　北京大学马克思主义学院教授、博士生导师。1981—1988 年，在北京大学历史系学习，获历史学学士、硕士学位；1993—1996 年，在中国人民大学清史所学习，获历史学博士学位。中央马克思主义理论研究和建设工程《马克思主义发展史》主要成员。2008 年国家级精品课“中国近现代史纲要”课程负责人。出版专著《灾荒与晚清政治》《中国共产党执政以来防灾救灾的思想与实践》《〈新民主主义论〉导读》《〈关于正确处理人民内部矛盾的问题〉导读》等，主编《马克思主义妇女理论发展史》《马克思主义学习型政党建设问题研究》《中国近现代史前沿问题研究》等。在《近代史研究》《中共党史研究》《当代中国史研究》《马克思主义研究》《马克思主义与现实》《光明日报》等发表论文 70 多篇。

艾四林　哲学博士、教授、博士生导师，清华大学马克思主义学院院长、习近平新时代中国特色社会主义思想研究院院长，教育部长江学者特聘教授。中央马克思主义理论研究和建设工程首席专家，国务院学位委员会学科评议组成员，《高校马克思主义理论研究》主编。

序

由北京大学马克思主义学院康沛竹教授和清华大学马克思主义学院院长艾四林教授主编的《毛泽东经典著作研读系列丛书》将要出版与读者见面了，两位主编是我多年的同事和朋友，让我作序，只能“恭敬不如从命”。借此机会，一方面对新著出版表示热诚的祝贺，一方面谈些想法与大家交流，权作序。

2018年5月4日，习近平总书记在纪念马克思诞辰200周年大会上的讲话中指出，“马克思主义不仅深刻改变了世界，也深刻改变了中国”。马克思主义怎么深刻改变了中国？我认为其内涵就在于：马克思主义的中国化、中国化的马克思主义深刻改变了中国。马克思的著作、理论、思想、学说，如何成为中国共产党人的指导思想和意识形态？这里面就有一个重要的转化环节，这个环节就是马克思主义的中国化，就是要把马克思主义从德国的形态变为中国的形态，从欧洲的形态变为亚洲的形态，从西方的形态变为东方的形态，这就是我们讲的马克思主义的中国化。

1938年10月，毛泽东在党的六届六中全会上作的报告《论新阶段》中首次明确地提出“马克思主义中国化”的概念。毛泽东是马克思主义中国化的伟大开拓者，毛泽东思想是马克思主义中国化的表现形态，实现了马克思主义中国化的第一次飞跃。2021年中国共产党建党一百周年，“中国共产党为什么能”？其中的一个关键点就是始终重视思想建党、理论强党，强调重视总结历史经验，从学习中走向未来。而毛泽东研究、毛泽东思想研究、毛泽东思想的当代价值与意义研究，就是其中不可或缺的重要内容。

毛泽东思想博大精深，内容特别丰富，涉及面非常广泛，因此学界的研究也是多层次、多维度、多视角的。比如从发展历程看，有毛泽东早期思想、新民主主义革命理论、社会主义建设道路的探索等；从思想分支看，有毛泽东哲学思想、经济思想、管理思想、军事思想、文艺思想、外交思想等。那么如何把握这个体系和精髓呢，关键是要读原著，要精读细读、慢慢咀嚼、深刻领会、反复思考。要从读原著开始，读原著入手，读原著做起。把读经典、悟原理作为一种生活习惯，当作一种精神追求，用经典涵养正气、淬炼思想、升华境界、指导实践。

康沛竹、艾四林主编的《毛泽东经典著作研读系列丛书》就是着眼原著、聚焦原著，精心策划，精心组织。这套丛书精选了10多本毛泽东的经典著作，从写作背景、版本考据、主要内容、影响和意义等方面条分缕析，深入研读，视野开阔，内容翔实，是毛泽东经典著作研究的重要成果，对于毛泽东思想研究，特别是广大干部群众通过学习原著把握和领会毛泽东思想，具有积极的推动作用。毛泽东的原著和文本集中体现了毛泽东思想，具有广泛的社会影响力，已经成为民族记忆、文化范式、精神标识。其中许多重要著作的重要论述深入人心、喜闻乐见、耳熟能详。比如《反对本本主义》关于马克思主义的“本本”要和中国实际相结合的论述，《实践论》《矛盾论》对马克思主义哲学的贡献，《新民主主义论》关于新民主主义革命理论的阐发，《改造我们的学习》关于“实事求是”的阐释，《论十大关系》关于“以苏为鉴”的思考，《关于正确处理人民内部矛盾的问题》关于两类矛盾的论述，等等。如何温故知新，如何常学常新？是新时代研读毛泽东经典著作需要认真思考的。

研读毛泽东经典著作，温故知新，常学常新，既要有历史眼光，又要有当代视野。其中毛泽东关于中国社会主义道路的探索与中国特色社会主义的内在关联与贯通即是一个尤为重要的问题，学术界特别关注。《毛泽东经典著作研读系列丛书》中社会主义建设时期的著作共有两篇，我们先来看《论十大关系》。从1956年2月14日起，毛泽东历时43天，先后听取了34个部委的工作汇报。4月25日和5月2日，毛泽东分别在中共中央政治局扩大会议和最高国务会议上讲话，并整理形成了著名的《论十大关系》这篇文章。《论十大关系》的主题是“以苏为鉴”，探索适合中国情况的社会主义发展道路。《论十大关系》开宗明义就指出，“特别值得注意的是，最近苏联方面暴露了他们在建设社会主义过程中的一些缺点和错误，他们走过的弯路，你还想走？过去我们就是鉴于他们的经验教训，少走了一些弯路，现在当然更要引以为戒”。毛泽东1956年提出十大关系，开始提出自己的建设路线，有我们自己的一套内容，开始找到自己的一条适合中国的路线。1978年召开的党的十一届三中全会，拨乱反正，改革开放，中国进入了社会主义现代化建设的新时期。1982年9月1日，邓小平在党的十二大开幕词中提出，“走自己的路，建设有中国特色的社会主义，这就是我们总结长期历史经验得出的基本结论”。

从而高举起中国特色社会主义的伟大旗帜，坚定不移地走中国特色社会主义发展道路。经过长期的不懈奋斗和接力探索，中国特色社会主义进入了新时代。我们再来看《关于正确处理人民内部矛盾的问题》，这是1957年2月毛泽东在最高国务会议上作的报告。他强调必须区分敌我矛盾和人民内部矛盾这两类不同性质的矛盾，还提出了正确处理人民内部矛盾的一系列具体方法，比如“统筹兼顾，适当安排”“百花齐放，百家争鸣”“互相监督，长期共存”，等等。这些论述实际上已经开始尝试探索社会主义条件下的国家治理问题，具有重要意义。2019年10月召开的党的十九届四中全会是新中国成立以来、改革开放以来第一次专门集中研究坚持与完善中国特色社会主义制度、推进国家治理体系和治理能力现代化重大问题的中央全会并作出决定。《决定》从战略上回答了“坚持和巩固什么、完善和发展什么”的重大时代课题，体现了清醒的制度自觉、坚定的制度自信、强烈的制度创新，开辟了“中国之治”的新境界。

研读毛泽东经典著作，温故知新，常学常新，必须紧扣马克思主义中国化这条主线。马克思主义中国化是中国共产党人的伟大创造，马克思主义中国化这个命题的提出本身就体现了中国共产党人的理论自觉和文化自信。马克思主义从传入传播到中国化是个过程，这个过程产生了中国化马克思主义这个结果。《毛泽东经典著作研读系列丛书》收入研读10多部毛泽东的著作，时间涵盖了从第一次国内革命战争时期到社会主义建设时期，但是仔细看一下，还是延安时期居多。为什么？就是因为延安时期形成了毛泽东思想，实现了马克思主义的中国化。从延安时期马克思主义中国化来看，既有哲学理论层面，即《实践论》《矛盾论》的理论阐发；也有思想路线层面，即提出实事求是的思想路线；还有实际工作层面，即阐述军事辩证法、统一战线的辩证法、领导方法工作方法的辩证法，等等。马克思主义不仅和中国哲学、中国文化结合，而且具体运用于实际工作的各个方面，渗透于军事、统战、党建等各个领域，表明马克思主义已经与中国哲学、中国文化、中国实践结合并开始融为一体，马克思主义具有了中国特性、中国作风、中国气派。马克思主义中国化了，它既是马克思主义的，也是中国的。概而言之，1937 年毛泽东《实践论》《矛盾论》对马克思主义哲学的贡献，1938 年 10 月毛泽东在党的六届六中全会上关于“马克思主义中国化”的论述，1940 年毛泽东《新民主主义论》关于新民主主义革命理论的阐发，1945 年党的七大将毛泽东思想确立为党的指导思想，等等，标志着延安时期实现了马克思主义中国化。马克思主义从传入时的翻译介绍，到传播时的研究阐释，再到中国化时的全面实践，马克思主义中国化这个过程产生了中国化马克思主义这个结果，形成毛泽东思想这个马克思主义中国化的表现形态。

研读毛泽东经典著作，温故知新，常学常新，必须牢牢把握毛泽东思想活的灵魂。毛泽东思想活的灵魂是贯穿其中的立场、观点、方法，有三个基本方面，即实事求是、群众路线、独立自主。实事求是是毛泽东思想的根本点、出发点，是党的思想路线的核心，是最重要的思想方法、认识方法、工作方法、领导方法。毛泽东在《改造我们的学习》中指出，"'实事'就是客观存在着的一切事物，'是'就是客观事物的内部联系，即规律性，'求'就是我们去研究"。实事求是的基本内涵就是从客观事物中认识和把握客观规律，尊重规律，一切从实际出发，理论与实际相结合。实事求是是中国共产党人的基本要求和看家本领，必须时时处处牢记于心，付之于行。今天讲实事求是，就要深刻把握世情国情党情的变化，深刻认识世界百年未有之大变局，砥砺奋进，实现中华民族伟大复兴。

群众路线是我们党的生命线和根本工作路线，体现了马克思主义关于人民群众是历史创造者的基本原理和党全心全意为人民服务的根本宗旨。今天讲群众路线，就要秉持人民至上的价值立场，坚持以人民为中心的发展思想。坚持人民主体地位，坚持和完善人民当家作主的制度体系，建设人民满意的服务型政府。顺应民心，尊重民意，关注民情，致力民生。有效对接民众生活，体察群众生活感受，加强普惠性、基础性、兜底性民生建设。满足人民日益增长的美好生活需要，把制度优势和治理效能更多更好地转化为人民的幸福感、获得感、安全感。独立自主是我们党从中国实际出发，依靠党和人民力量进行革命、建设、改革的必然结论。不论过去、现在和将来，我们都要把国家和民族发展放在自己力量的基点上，坚持民族自尊心和自信心，坚定不移走自己的路。今天讲独立自主，就要一以贯之坚持和发展中国特色社会主义，坚决维护国家主权、安全。坚持自主创新，把关键技术、核心技术牢牢掌握在自己手中，赢得国际竞争的战略主动和比较优势。

研读毛泽东经典著作，温故知新，常学常新，必须着力于发展当代中国马克思主义。毛泽东思想是马克思主义中国化的第一次飞跃，中国特色社会主义理论体系是马克思主义中国化的第二次飞跃，习近平新时代中国特色社会主义思想是马克思主义中国化的最新成果，是当代中国马克思主义。新时代推进马克思主义中国化的重大课题和主要任务，就是发展当代中国马克思主义，学思践悟习近平新时代中国特色社会主义思想。如何发展当代中国马克思主义，习近平总书记有系统论述和深刻阐释：一是强调坚持用马克思主义观察时代、解读时代、引领时代。二是明确提出了当代中国马克思主义、21 世纪马克思主义的重大概念，特别重视和强调原创性贡献、标识性概念、引导性范畴，强化马克思主义研究的自主性、独创性、原创性、标识性。三是突出马克思主义的整体性，贯通哲学、政治经济学、科学社会主义，把马克思主义哲学作为看家本领，构建中国特色社会主义政治经济学，推动新时代中国特色社会主义不断发展。四是坚持政治性和学理性相统一，打通政治性话语与学术性话语的话语壁垒。坚持马克思主义在意识形态领域的指导地位，构建中国特色哲学社会科学的学科体系、学术体系、话语体系。五是加强中国道路的学术阐释、学术表达，用中国理论解读中国道路。增强理论自觉，坚定理论自信，讲好中国故事，提升中国话语的国际传播。

习近平总书记指出，“我们党依靠学习创造了历史，更要依靠学习走向未来”。面对波诡云谲、纷繁复杂的国际形势，面对统筹疫情防控和经济社会发展，脱贫攻坚与全面建成小康社会，面对“两个一百年”

的历史交汇期，实现中华民族伟大复兴的战略全局与世界百年未有之大变局的重合交汇期，如何保持战略定力，把自己的事情做好，就要在常学常新中加强理论修养，在知行合一中主动担当作为。而《毛泽东经典著作研读系列丛书》的出版，对毛泽东经典著作研读将会给我们带来新的感悟和思考，从历史中得到启迪，从经典中汲取智慧，从学习中走向未来。

郭建宁

清华大学马克思主义学院特聘教授

习近平新时代中国特色社会主义思想研究院研究员

北京大学马克思主义学院原院长

2020 年 4 月

目 录

第一章

《纪念白求恩》《为人民服务》和《愚公移山》的写作背景

一、《纪念白求恩》的写作背景 / 003

二、《为人民服务》的写作背景 / 028

三、《愚公移山》的写作背景 / 044

第二章

《纪念白求恩》《为人民服务》和《愚公移山》的版本考据

一、《纪念白求恩》的版本考据 / 059

二、《为人民服务》的版本考据 / 067

三、《愚公移山》的版本考据 / 075

第三章
《纪念白求恩》的主要内容

一、国际主义精神和共产主义精神 / 081

二、毫不利己专门利人的精神 / 091

三、对技术精益求精的职业精神 / 097

四、做一个大有利于人民的人 / 103

第四章
《为人民服务》的主要内容

一、“为人民服务”的宗旨观 / 113

二、“为人民利益而死”的生死观 / 119

三、“为人民的利益改正错的”是非观 / 127

四、“五湖四海”的人才观 / 134

第五章
《愚公移山》的主要内容
一、"愚公移山"的内涵演变 / 143
二、先锋队的觉悟与人民群众的觉悟 / 155
三、坚定"去争取胜利"的信心 / 164

第六章
《纪念白求恩》《为人民服务》和《愚公移山》的影响及意义
一、《纪念白求恩》《为人民服务》和《愚公移山》的影响 / 173
二、《纪念白求恩》《为人民服务》和《愚公移山》的现实意义 / 204

附　录
《纪念白求恩》《为人民服务》和《愚公移山》原文

第一章

《纪念白求恩》《为人民服务》和《愚公移山》的写作背景

《纪念白求恩》《为人民服务》和《愚公移山》等三篇经典文献成作于抗日战争时期的不同阶段。其中《纪念白求恩》成作于战略相持阶段,《为人民服务》和《愚公移山》成作于战略反攻阶段，对于这三篇文献的理解应该要结合特定的历史背景，才能把握好文本内在的思想赓续发展。

一、《纪念白求恩》的写作背景

《纪念白求恩》是毛泽东应当时八路军政治部和卫生部的邀请，为在1940年出版的《诺尔曼·白求恩纪念册》所写的一篇文章，原标题为《学习白求恩》，以此缅怀1939年11月12日因病逝世的加拿大共产党员诺尔曼·白求恩。

（一）国际反法西斯统一战线的形成是白求恩来华的国际背景

诺尔曼·白求恩出生在加拿大安大略省格雷文赫斯特镇，他的父亲马尔科姆·尼科尔森·白求恩是一个商人。1880年，白求恩的父亲马尔科姆来到了檀香山，认识了一位长老会的传教士伊丽莎白·安·古德温，在古德温小姐的影响下，马尔科姆成为一名虔诚的基督徒。没过多久，他们在加拿大结婚，而马尔科姆则抛弃了商人的职业，成为一位牧师，并于1890年3月生下了他们的第一个男孩子——诺尔曼·白求恩。由于牧师职务的变动，白求恩一家不得不接二连三地搬迁，截至白求恩中学毕业时，他们已辗转安大略省的六个城市。从很小的时候起，白求恩的冒险精神和成为外科医生的兴趣就开始展现出来。他八岁的时候就开始一项凌乱但是有科学意义的工作——解剖苍蝇和鸡骨头。

1909 年，白求恩中学毕业后进入多伦多大学医学系学习。1911 年，为了赚取完成大学学业所需要的费用，在安大略省北部伐木场工作一年。1914 年 8 月，在白求恩升入大学三年级之际，第一次世界大战爆发了。随后，白求恩报名参加了加拿大皇家医疗队，9 月，出发到法国，担任战地救护队的担架员。1915 年 4 月，在比利时北部城镇的一次战役中，白求恩左腿被炮弹击中负伤。之后，白求恩在英国医院住了六个月，伤愈后返回加拿大，继续完成学业。1916 年 12 月，白求恩获得了多伦多大学的医学学士学位，自此正式开启了医生的生涯。

第一次世界大战结束之后，帝国主义国家之间的矛盾并没有得到解决，协约国与同盟国的矛盾也日益加深，特别是《凡尔赛和约》的签订，极大地加深了德国对于第一次世界大战确立的世界体系的憎恨。战争后期，俄国十月革命的胜利，开辟了国际共产主义运动的新篇章；战争结束后，世界范围内的无产阶级运动和民族解放运动日益高涨，战争与革命成为时代的主题，“在战争造成的全世界的经济破坏的基础上，世界革命危机日益发展”[①]。20 世纪 30 年代，资本主义世界爆发了经济危机，深刻改变了世界格局。在这次危机中，德国纳粹开始掌握了政权，纳粹分子利用德国在一战失败的苦果，煽动德国人民的民族主义情绪，在“要大炮，不要黄油”的口号下，德国掀起了扩军备战的狂潮，逐步建立了适合总体战的国民经济管理体制，战争的阴云笼罩在欧洲上空。

面对日益扩张的法西斯势力，迫切需要各阶级政党联合起来，成立反法西斯统一战线，以此应对共同的敌人。也是在这一背景之下，共产国际（也称“第三国际”）于 1935 年 7 月 25 日至 8 月 20 日召开第七次代表大会，确立了新的战略和策略路线；会议通过的《法西斯主义的进攻和共产国际在争取工人阶级统一、反对法西斯主义斗争中的任务》报告中指出，随着法西斯分子在德国掌握政权，新的帝国主义世界大战的风险日益增长，要警惕任何低估法西斯主义危险的做法，并指出“在当前历史阶段，建立工人阶级统一战线是国际工人运动最重要和最急迫的任务”[②]，在此基础上建立由广泛阶层

①《列宁选集》（第 2 卷），人民出版社 2012 年版，第 579 页。

② 王学东主编：《共产国际第七次代表大会文献》（2），中央编译出版社 2015 年版，第 624 页。

参加的反法西斯人民阵线。随后，各国共产党根据共产国际七大的精神纷纷成立了反法西斯人民统一战线，积极投身于反法西斯战争之中。

20 世纪 30 年代中期欧洲大陆的政治局势，对西班牙国内的政治格局也产生了重大影响，各政治团体都根据自己的利益提出了不同的政治主张，有一定影响力的主要有：西班牙社会党和共产党主张进行社会主义革命；无政府主义者工会联盟（CNT）和无政府主义者联盟（FAI）则主张维护共和政体，并要求改善工人生活；天主教政党则要求建立君主制，反对社会主义。在德国和意大利法西斯势力的支持、鼓动下，西班牙右翼保皇势力活动猖獗。与此同时，左翼政党也积极开展活动，以保卫共和制度。1935 年 6 月，西班牙共产党号召成立反法西斯人民同盟。1936 年 1 月，由左翼共和党、共产党、共和联盟等左派政党团体签订了《人民阵线公约》。在 2 月 16 日的选举中，人民阵线获得胜利；2 月 19 日，人民阵线政府组建，共产党和社会党并没有参加政府活动，但表达了对新政府的支持。然而新政府并没有响应共产党和社会党的革命要求，于是社会变得动荡起来，工会组织工人罢工，企业家也开始外逃，军队伺机谋反，政府机构日益涣散。1936 年 7 月 17 日，军队叛乱，将领佛朗哥号召全国军队起义，反戈共和政府。与此同时，德意两国向叛乱者提供了援助，佛朗哥的兵力和火力得到了加强，到 10 月他已实现了对所有军队的控制，装备也得到了更新。

西班牙人民意识到唯一的出路就是团结起来，一起抗击法西斯。这时共产党和社会党加入人民阵线，无政府主义者工会联盟也宣布加入人民阵线。在国际上，英美法等国采取了“不干涉”的政策，实际上助长了西班牙叛军的气焰。而此时，共产国际则向全世界发出号召，积极宣传西班牙战争的实际情况，并主张建立国际纵队支援西班牙人民的抗战。几个月内，就有 50 多个国家（包括亚洲和拉丁美洲国家）的 4 万多名志愿者，冲破重重阻挠，奔赴西班牙。值得一提的是，国际纵队中还有相当一部分中国人。

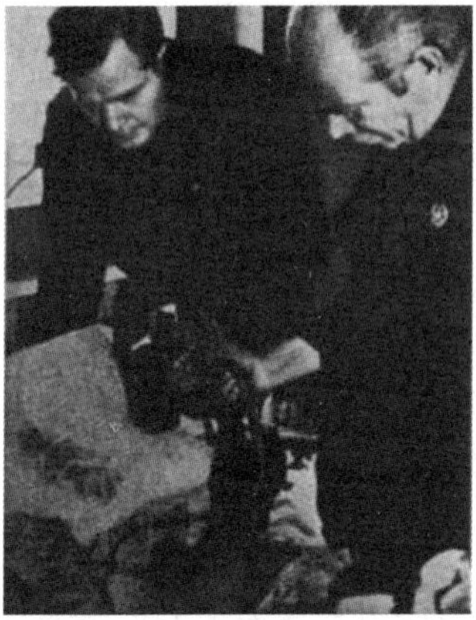
白求恩在西班牙为伤员输血

白求恩就是在这一历史背景下来到了西班牙。1936 年 11 月，白求恩抵达马德里，到达目的地还不到 24 小时，白求恩就感受到了城市中弥漫的紧张空气。经过短暂休整后，白求恩一方面为国际纵队第十一国际旅购买医疗设备，另一方面组织建成了一支输血医疗队。从 1937 年 1 月到 6 月，白求恩转辗马德里、巴伦西亚、阿尔梅里亚等地，为灾民提供医疗救助，并为筹建统一的输血中心而积极奔走。1937 年 6 月，根据西班牙民主声援会的安排，白求恩回到加拿大，积极宣传西班牙的抗战。

（二）抗日战争全面爆发与白求恩的中国岁月

1937 年 7 月 7 日，卢沟桥事变爆发，日本帝国主义发动了全面侵华战争，中国军队奋起抗击，全国性抗战由此开始。卢沟桥事变发生后，共产党和国民党先后发表通电，表明抗战的态度。中国共产党在《中共中央为日军进攻卢沟桥通电》中指出，“只有全民族实行抗战，才是我们的出路！我们要求立刻给进攻的日军以坚决的反攻，并立刻准备应付新的大事变。全国上下应该立刻放弃任何与日寇和平苟安的希望与估计”[①]。与此同时，蒋介石在庐山发表谈话，表示“如果战端一开，那

①《建党以来重要文献选编（1921—1949）》（第 14 册），中央文献出版社 2011 年版，第 356 页。

就是地无分南北，年无分老幼，无论何人，皆有守土抗战之责任”。日军为了实现其速战速决的战略方针，以主要兵力向华北展开战略进攻，于 1937 年 8 月初至 12 月下旬，以平津为依托，沿平绥、平汉和津浦三大铁路展开进攻，实施华北会战。同时，日军又分兵一部侵略上海，制造了“八一三事变”，向华中发动了战略进攻。这样，日军先后以华北和华中为主要作战方向，展开了全面侵华战争。在华北战场，国民党军在正面战场上节节败退，华北战局陷入严重危机。为此，中国共产党将其领导的红军主力改编为国民革命军第八路军，从陕西东渡黄河进入华北战场前线，首战便取得平型关大捷。挺进华北后，八路军在中共地方组织的协助下，广泛发动群众，开展抗日游击战争。毛泽东在分析当时的战况时就认为，上海、太原失陷后，“在华北，以国民党为主体的正规战争已经结束，以共产党为主体的游击战争进入主要地位”[①]。在这一思想的指导下，中共中央北方局和八路军总部确定当前的中心任务是：以山西为主要阵地支撑华北抗战，独立自主地开展游击战，创建抗日根据地；同时配合国民党军作战。根据这一指示，八路路军各部先后创建了晋察冀抗日根据地、晋西南抗日根据

①《毛泽东选集》(第 2 卷)，人民出版社 1991 年版，第 388 页。

地、晋西北抗日根据地和晋冀豫抗日根据地。

白求恩通过报纸等了解到日本侵华战争的相关情况。在加拿大，白求恩阅读了艾格尼丝·史沫特莱的《中国红军在前进》一书，了解到红军的英勇事迹，为中国共产党抵抗日本侵略挽救民族危亡的雄心壮志所折服，认为自己或许可以在中国建立医疗队，因此白求恩毅然决定来中国。白求恩是最早来到中国的国际纵队的医生。在西班牙战场的国际志愿军中，共有40多位医生报名来中国参加抗日战争，后来按照国别挑选，组建了一支由波兰、德国、奥地利、罗马尼亚、保加利亚、捷克斯洛伐克、匈牙利、苏联等国医生和护士组成的国际援华医疗队。这些人于1940年来到当时中国红十字会救护总队所在地贵阳图云关。

为了纪念这些国际共产主义战士为中国抗战胜利所作的卓越贡献，1985年，贵阳市在图云关当年红十字会救护总队旧址上竖立了“国际援华医疗队纪念碑”。诚如习近平所言，“中国人民抗日战争也得到了国际社会广泛支持，中国人民将永远铭记各国人民为中国抗战胜利作出的贡献”！[①] 白求恩来华，既是践行其共产主义信仰，也是为了实现其诺言——要为人类

---

①《习近平谈治国理政》（第2卷），外文出版社2017年版，第446页。

福祉做些事情。

毛泽东在延安会见白求恩
（油画，许荣初、赵大军、袁耀锷作）

经过长途跋涉，白求恩于1938年1月20日乘船抵达香港，三天后飞到汉口，而后通过火车、卡车、骡子和步行等方式于3月底到达延安。到延安后，毛泽东立即会见了白求恩。“3月底一天晚上，十一时开始会见来中国帮助八路军抗战的加拿大共产党员诺尔曼·白求恩大夫，同他进行长时间的亲切谈话，谈到西班牙人民进行的反法西斯战争和中国抗战的有关问题。在讨论建立八路军战地医疗队问题时，白求恩说如果有战地医疗队，前线的重伤员百分之七十可以救治，毛泽东对这一点十分关注，热烈支持建立战地医疗队的提议。谈话一直进行到次日凌晨二时。”[①]虽然在《纪念白求恩》中，毛泽东说“我和白求恩同志只见过一面”，实际上据当时与白求恩一道的医生尤恩回忆，“毛几乎每天晚上都会到山坡上白求恩的窑洞小坐”[②]。刚到延安的那些日子，白求恩常常琢磨流动战地医院的事情，他非常渴望赶紧投入工作之中，时任陕甘宁边区医院院长傅连暲邀请他到边区医院参观。边区医院条件十分简陋，病房里没有棉被，病人睡在肮脏的草席上，没有什么卫生设施，医院也缺少药品和器械，只有手术室才供电。白求恩被这一切惊呆了，他一方面积极申请国际援助，另一方面更加坚定了他去前线的信念，认为距离战场越近，他的作用才能发挥得越大。在中国工作的近一年半的时间里，白求恩为中国的抗日战争呕心沥血，为中国共产党领导的根据地的医疗事业作出了突出的贡献，主要表现在以下几个方面。

①《毛泽东年谱（1893—1949）》（中册），中央文献出版社 2013 年版，第 62—63 页。

②［加］罗德里克·斯图尔特、莎朗·斯图尔特著，柳青译：《不死鸟：诺尔曼·白求恩的一生》，中国青年出版社 2013 年版，第 303 页。

一是建立了较为健全的医疗体制。1938年6月初，白求恩几经周折到达晋察冀边区。为了解晋察冀边区的医务状况，白求恩先后巡视了五台的河北村、河西村、松岩口等三个军区后方医院，检查这里的工作人员、治疗方法、设备、药品器材，同时又制作了医学图表。白求恩还结合当地医疗情况，设计了规章制度，包括医务人员职责制度、例会制度、查房制度、建档制度，等等，规范了医疗体系的运行。《纪念白求恩》中讲述的"对技术精益求精"，可谓白求恩当时工作状态的真实写照。除了日常的医务工作之外，白求恩对于宣传工作和战士的士气问题也十分重视，在他写给聂荣臻的信中，就谈到采用多种途径来招募新兵和鼓舞士气，如颁发军龄袖章、伤残袖章和军功章，以及为牺牲战士举行军事葬礼，等等。白求恩在信中指出，"应采取一些办法来鼓励参军，并应许可战士对服役资历享有适当的荣誉"，如："（一）服役袖章：在军服袖口的紧上方佩带约一英寸长、四分之一英寸宽的红色或其他颜色的缎条或辫条，每一小条代表一定的服役年限，如半年。一个服役两年的战士应佩带四条此种袖章。袖章可自下而上横缝，各间隔半英寸。（二）伤员袖章：与服役袖章相同，仅颜色不同，佩于另一只袖子上，应竖缝而不横缝。服役期间每受一次伤，应佩带一条此种袖章。（三）参军碑：用石头制成，刻上入伍者的姓名。

这种碑应置于全村最显眼处，最好竖在村口，使人人都能看到。碑上要留有充分余地，以便刻写后来的参军者的姓名。”[①] 在松岩口，白求恩组织创建了晋察冀军区和八路军的第一个模范医院，有效地改善了根据地的医疗状况。

二是培养了一大批医务人员。1938 年 11 月 26 日，白求恩又率领医疗小分队向西进军，来到偏僻的杨家庄村，雁北地区的军事指挥所和后方医院的驻地。傍晚时分，王震派人送来消息，准备向一条日军重兵把守的公路发动大规模袭击，已经为白求恩的手术小分队选好地址，以方便他们在第一时间抢救伤员。在战地医院的 40 多个小时里，白求恩和他的医疗小分队一共为 70 余名战士做了手术。这一经历使他更加坚定了自己的想法：在战场旁边设立手术小组能够挽救很多生命。为此，他提出了每个旅都应该配备一个流动的手术小组，作为前线急救站和后方医院的中枢机构，最迫切的任务就是为边区医院培训医护人员。为此，白求恩又宣布成立“特种外科实习学校”，培训相关人才。除了白天给医生、护士以及护理人员讲授相关的医学课程，白求恩还利用晚上的时间为他们补习内外科知识，以及与流动手术小组相关的各种常识。此外，白求恩还在晋察冀边区发动了医务人员以集体的实际教育为主题

① 《纪念白求恩》，人民出版社 1979 年版，第 132 页。

的实习周，在活动的前半程，白求恩每天花 8 个小时为各医院代表讲解内外科的基本知识；后半段时间则让医生和实习生轮流做医院里的各种工作。这一系列的培训活动提升了医务人员的技术水平。

三是撰写了适应中国需要的医学教科书。为了进一步加强根据地医务人员的业务学习，白求恩废寝忘食地写出了《游击战争中师野战医院的组织和技术》这一教科书。在这本书里，他周密、细致、具体地叙述了流动医院的各种组织和操作。为了便于医务人员学习接受，他精心绘制了 119 幅示意图。正如他在序言中所指出的，“写这本书是希望提高卫生工作的内外科技术水准。因为卫生工作人员们正在向千百个困难作斗争——粗劣的器械、困难的经济、技术人员的缺乏。在所谓的‘医院’里，不过是简陋的土房子、石房或破庙。在数百里崎岖不平的山道和酷热、严寒的气候里，担架抬着伤员”①。此外，白求恩还撰写了《移动的伤员急救系统》和《战伤治疗技术》等教科书，对在根据地普及基本医务知识、提升医疗水平起了很大的作用。

四是发明了一些医用设备。为了给手术工作创造更多的便利条件，白求恩亲自设计了一个较为高级的手术室，

① 《纪念白求恩》，人民出版社 1979 年版，第 54 页。

并监督施工。他还就地配齐了消毒器、上下肢的夹板和换药的托盘。此外，在他的指挥下，焚化炉和放担架的装置也应运而生，还有一个灭虱的杀菌器也在设计当中。在一次行动中，由于医疗队接到撤退命令的时间较晚，没有安置好医疗物资，在撤退过程中多瓶珍贵药品散落一地。白求恩见此，开动脑筋设计了一个便携的药箱，大致形状就像一个倒置的U型，由一根水平的横梁来固定。装置的每一侧有三个小抽屉，每个抽屉内隔成多块区域，分别装药品、器械和耗材，携带量大致可以满足一百台手术和五百次包扎，白求恩将这一设置称为“卢沟桥”，以此纪念中华民族全面抗战的爆发，借以鼓舞士气。

随着抗日战争相持阶段的到来，日本侵略者开始了对根据地的“扫荡”。1938年整个秋季和初冬，日军对五台山山区的包围越来越紧。日军组织千人特种部队，试图用闪电式的袭击打垮八路军，把支援八路军的人民完全消灭，并向西进攻冀中大平原上五台山山区的游击根据地。在这一背景下，主要战事又从山西转移到冀中，白求恩也率领他的战地医疗队进发至冀中。到1939年3月，白求恩走遍了冀中军区的六个分区，巡视着各后方医院。他发现战事连连吃紧，再加上日军的封锁，根据地医疗物资更加紧缺。为此，白求恩决定暂时离开边区前往延安，然后回北美开展巡讲之旅，为边区筹措资金和物资。

在回国之前，白求恩率领医疗队对晋察冀边区内所有的后方医院进行巡视，以便确定所需资金和物资的数目。1939 年 10 月，巡视工作完成之时，日军突然出动了 5 万多兵力猛攻晋察冀，企图消灭整个晋察冀边区。白求恩推迟了回国的计划，在他看来，如果晋察冀边区沦陷的话，回国就毫无意义。然而不幸的是，白求恩在 10 月底的一次手术中，不慎划伤了左手中指。在给一位头部化脓的战士疗伤时，由于没有手套，污染物渗进了他的伤口。随后，他的手指开始肿大并伴有高烧，进而恶化，左手的手肘也开始化脓。11 月 6 日，当医生再次检查时发现白求恩左肘内侧出现了一块脓肿。此时，能挽救他生命的唯一办法就是截肢了。但是白求恩却摇了摇头。“不要治了，只要活得下去的话，我牺牲两条胳膊都愿意，同志。但是已经不单是胳膊的问题了。我的血里有毒，败血病。没有办法了。”[①] 在此情况下，白求恩拒绝了手术。在生命的最后时刻，白求恩提笔给聂荣臻写了最后一封信：

亲爱的聂司令员：

今天我感觉非常不好——也许我会和你永别了！

---

①［加］泰德·阿兰、塞德奈·戈登著，巫宁坤译：《手术刀就是武器——白求恩传》，上海文艺出版社 2005 年版，第 366 页。

请你给蒂姆·布克写一封信——地址是加拿大多伦多城威林顿街第十号门牌。

用同样的内容写给国际援华委员会和加拿大和平民主同盟会。

告诉他们我在这里十分快乐，我唯一的希望就是能多有贡献。

也写信给白劳德，并寄上一把日本指挥刀和一把中国大砍刀，报告他我在这边工作的情形。

这些信可用中文写成，寄到那边去翻译。

把我所有的像片……日记……文件，和军区故事片等，一概寄回那边去，由蒂姆·布克负责分散。并告诉他有一个电影片子将要完成。

把我的皮大衣给蒂姆·布克，一个皮里的日本毯子给约翰·艾迪姆斯，那套飞行衣寄给伊尼克·亚当斯吧！另一条日本毯子给帕拉西斯特拉。

…… ……

在一个小匣子里有个大的银戒指（是布朗大夫给我的），要寄给加拿大的玛格丽特，蒂姆·布克知道她的地址。

我还没有穿过的两双新草鞋，送给菲利普·克拉克，那面大的日本旗送给莉莲。

所有这些东西都装在一个箱子里。

用林赛先生送给我的那十八元美金作寄费。这个箱子必须是很坚固，用皮带捆住锁好，再外加三条绳子保险。

请求国际援华委员会给我的离婚妻（蒙特利尔的弗朗西丝·坎贝尔夫人）拨一笔生活的款子，或是分期给也可以。在那里我（对她）所负的责任很重，决不可为了没有钱而把她遗弃了。向她说明，我是十分抱歉的！但同时也告诉她，我曾经是很快乐的。

将我永不变更的友爱送给蒂姆·布克以及所有我的加拿大和美国的同志们！

两个行军床，你和聂夫人留下吧，两双英国皮鞋也给你穿了。

骑马的马靴和马裤给冀中区的吕司令员。

贺龙将军也要给他一些纪念品。

…… ……

给叶部长两个箱子，游副部长八种手术器械，林医生可以拿十五种，卫生学校的江校长让他任意选挑两种物品作纪念吧！

打字机和松紧绑带给郎同志。

手表和蚊帐给潘同志。

一箱子食品送给董（越千）同志，算作我对他和他的夫人、孩子们和姐妹们的新年赠礼！文学的书籍也全给他。

医学的书籍和小闹钟给卫生学校。

给我的小鬼和饲养员每人一床毯子，并给小鬼一双日本皮鞋。

…… ……

每年要买二百五十磅奎宁和三百磅铁剂，专为治疗患疟疾病者和极大数目的贫血病者。千万不要再往保定、天津一带去购买药品，因为那边的价钱要比沪港贵两倍。

…… ……

告诉加拿大和美国，我十分的快乐，我唯一的希望是能够多有贡献。

…… ……

最近两年是我生平最愉快、最有意义的时日，感觉遗憾的就是稍嫌孤闷一点，同时，这里的同志，对我的谈话还嫌不够。

…… ……

我不能再写下去了！

让我把千百倍的谢忱送给你，和其余千百万亲爱的同志！

…… ……

诺尔曼 · 白求恩 ①

1939 年 11 月 12 日凌晨 5 点 20 分，诺尔曼·白求恩在唐县黄石口停止了呼吸。噩耗传开，边区军民，

① 《纪念白求恩》，人民出版社 1979 年版，第 139—141 页。

特别是他救治过的伤员都失声痛哭。11 月 15 日，白求恩逝世的消息传到延安。11 月 22 日，中共中央政治局会议决定：举行追悼白求恩大会，并由中共中央、八路军和追悼大会向其家属发慰问电。

加拿大共产党中央委员会转

白求恩医师家属：

白求恩老医师自遥远的加拿大来到中国，曾为我英勇抗战而伤病的八路军将士服务将近两年，亲历艰苦，不辞劳顿，深得前方将士的信仰，他和许多同情中国抗战的国际朋友给了中国抗战以有力的援助。不幸，白医师突于本年十一月十二日，因施行手术不慎，致中毒死于晋察冀边区，这是我们一个重大的损失。

我们悼念白医师为世界人类解放事业与对中国抗战的伟大贡献，表示深切的敬意，除在各地表扬功绩，举行追悼大会外，特电慰问！

中国共产党中央委员会

一九三九年十一月二十三日①

12 月 1 日，延安各界举行追悼白求恩大会，滕代远主持追悼会，吴玉章代表党中央致哀悼之词，王稼祥和陈云发表讲话，指示“要学习白求恩同志的国际主义者

①《中共中央电慰白求恩同志家属》，《新中华报》1939 年 12 月 2 日第 3 版。

的精神，学习他对工作的责任心与工作热忱”，毛泽东题写挽词：“学习白求恩同志的国际精神，学习他的牺牲精神，责任心与工作热忱。”[①] 12月21日，八路军政治部、卫生部编纂《诺尔曼·白求恩纪念册》，毛泽东写了《学习白求恩》，朱德写了《追悼白求恩同志》。

（三）抗日统一战线的形成与党员教育工作的展开

抗战全面爆发以后，中国共产党结合党内实际状况、国内抗战热情以及反法西斯的国际形势，确立了抗日统一战线的方针，联合一切可以联合的力量共同抵抗日本侵略者。

在1935年12月的瓦窑堡会议上，中国共产党确立了抗日民族统一战线的全面抗战路线。在这一路线指引下，中共调整了对外策略，提出实行“最广泛的统一战线”，“在不丧失领土主权的范围内，与一切反对日本侵略主义的国家订立反侵略的同盟”[②]。但由于当

① 叶澜：《本市各界人士沉痛追悼白求恩》，《新中华报》1939年12月6日第3版。

② 《中共中央文件选集（1936—1938）》（第11册），中共中央党校出版社1991年版，第329页。

时国民政府对中央苏区的封锁，中共的抗日行动和抗日主张很难通过正式的广泛渠道向世界范围内传播，争取到的外援也相当有限。为积极争取外援，让世界了解中国共产党，中共在武汉的八路军办事处下设国际宣传组，将国际宣传纳入党的工作之中。在此背景下，有大批记者访问中共领导的根据地。据《毛泽东年谱》记述，1937 年至 1939 年间，毛泽东先后七次会见了外国记者，谈论了对于中国时局和世界形势的看法，阐明了中国共产党的主张。其中主要有：1937 年 3 月 1 日和美国记者史沫特莱谈中日问题和西安事变；1937 年 10 月 25 日与英国记者贝特兰进行长时间谈话，介绍了中国抗日战争的情况、八路军情况以及中国共产党的主张；1938 年 2 月会见美国合众社记者王公达，表达了对中国抗战前途的乐观看法，等等，这些为中国共产党的政党形象的全新塑造起到了积极的作用。其中突出的代表无疑是“3S”（斯诺、史沫特莱和斯特朗），他们通过深入根据地的大量走访，写出了一篇篇反映中国共产党及其领导下的抗战军民情况的报道和作品。其中影响较大的有斯诺的《红星照耀中国》，史沫特莱的《中国红军在前进》《中国人民的命运》《伟大的道路——朱德的生平和时代》，以及斯特朗的《人类的五分之一》，等等。除了宣传中国抗日战争和中国共产党的革命斗争，“3S”也积极投身于中国的抗战事业。史沫特莱于1938年成为中国红十字会志愿者，并到山西抗日前线做过救护工作，积极参与组织外国医疗队来华支援中国抗战。加拿大外科医生白求恩就是看了史沫特莱的书和报道毅然来到中国的。

白求恩在中国的这一段岁月中，恰逢抗日战争相持阶段的到来，此时党的组织力量还远远落后于党的政治影响，在一些重要地区，党的组织还很薄弱甚至缺乏。为进一步扩大和巩固抗日民族统一战线，增强党的组织力量，中共中央于1938年3月通过了《关于大量发展党员的决议》，要求“把发展党员成为每一个党员及各级党部的经常的重要工作之一，进行经常的检查与推动”①。各地党组织在发展新党员的过程中，严格按照决议要求，注重从工人、雇农、青年学生和知识分子中吸收党员，“到1938年底，共产党员人数已从全国抗战开始的4万多发展到50余万”②，党员人数得到迅速发展，如何在思想上、政治上和组织上巩固党，成为中国共产党面临的重要任务。

①《中共中央文件选集（1936—1938）》（第11册），中共中央党校出版社1991年版，第467—468页。

②《中国共产党历史第一卷（1921—1949）》（下册），中共党史出版社2011年版，第49页。

1939年6月，毛泽东在延安干部高级会议上强调指出，要巩固党，要以精干为原则，重点“要加紧党内教育。阶级教育与民族教育的统一。但目前应着重阶级教育，同时不忽略统一战线教育”①。8月25日，中央政治局作出了《关于巩固党的决定》，提出“巩固党的中心一环，就是加强党内马克思列宁主义的教育”，指出“为着巩固党，必须加强对党的各级干部的教育工作”②。10月7日，中央组织部发出了《关于执行中央巩固党的决定的指示》。这些决定和指示下达后，各地党组织迅速开展了巩固党的工作，尤其是高度重视加强对党员的马克思列宁主义教育。

这一时期党员教育主要是针对新党员的政治思想教育，其基本特点是重视党员意识的培育和加强党员的党性修养，中共中央领导人发表了一系列相关论著。1939年10月，毛泽东在《〈共产党人〉发刊词》中指出，虽然党的组织得到了迅速发展，已经变成了全国性的大党，但是“大批的新党员还没有受到教育，很多的新组织还没有巩固”③，为此要深入推进党的建设

①《毛泽东文集》(第2卷)，人民出版社1993年版，第233页。
②《中共中央文件选集(1939—1940)》(第12册)，中共中央党校出版社1991年版，第157页。
③《毛泽东选集》(第2卷)，人民出版社1991年版，第612页。

这一“伟大的工程”，提出建设思想上、政治上和组织上完全布尔什维克化政党的任务。1939 年 5 月，陈云先后发表了《怎样做一个共产党员》《党的支部》等文章，系统阐明了党员标准、支部任务以及地方组织如何领导支部等问题，提出了一个良好的共产党员的六个条件，即终身为共产主义奋斗、革命利益高于一切、遵守党的纪律、严守党的秘密、百折不挠地执行决议、群众的模范和努力学习。1939 年 7 月，刘少奇在延安马克思列宁学院作了《论共产党员的修养》演讲，强调了共产党员进行革命锻炼和加强党性修养的重要性，强调共产党员“要有马克思列宁主义理论的修养，要有运用马克思列宁主义的立场、观点和方法去研究和处理各种问题的修养；要有无产阶级的革命战略、战术的修养；要有无产阶级的思想意识和道德品质的修养；要有坚持党内团结、进行批评和自我批评、遵守纪律的修养；要有艰苦奋斗的工作作风的修养；要有善于联系群众的修养，以及各种科学知识的修养等”①，并号召共产党员要勇于克服困难，既要有共产主义的远大理想，又要有求实精神。1939 年 11 月，张闻天发表了《略谈党与非党员群众的关系》，对党员与群众的

①《刘少奇选集》(上卷)，人民出版社 1981 年版，第 109 页。

关系做了系统阐述，认为既要善于向群众学习，也要带领群众共同进步。

《纪念白求恩》的写作，既是对不远万里来到中国支援中国人民抗日战争而牺牲的白求恩的纪念，也是对广大党员进行教育的生动教材。它使得广大党员在更深层次上了解什么是国际共产主义精神，也加强了共产党员的自我认识和教育，深化了对做一个什么样的人的认知，同时也树立了共产党员的模范和标杆。

二、《为人民服务》的写作背景

1944年9月5日，张思德在陕北安塞县山中烧炭，因炭窑崩塌而牺牲。1944年9月8日，中央警备团举行追悼张思德大会，毛泽东亲临追悼会并作了长达一个半小时的讲话，阐述了为人民服务的意义。当时，国际战场上同盟国转向战略反攻，日本法西斯内外交困，加紧对中国资源的掠夺和对抗日根据地的“扫荡”，国内战场进入到局部反攻阶段，但由于国民党顽固派加紧对陕甘宁边区的封锁，边区面临巨大经济困难，为此边区政府发起了大生产运动。《为人民服务》既是为了纪念张思德，也是针对党内一些人对大生产运动认识不足，以及党群、军民关系存在的一些问题而作的讲话。

（一）同盟国展开战略反攻和日本法西斯内外交困

1943年春，随着同盟国军在苏德战场、北非战场和太平洋战场上相继取得了斯大林格勒战役、阿拉曼战役和瓜达尔卡纳尔群岛战役的胜利，世界反法西斯战争胜利的天平开始向同盟国倾斜。随后同盟国军在各个战场上乘胜展开战略反攻。在非洲战场上，美英联军展开北非登陆战役，将德国和意大利的军队赶出了北非，于 1943 年 5 月结束了非洲的战事。在欧洲战场上，苏联军队持续发动了大规模的攻势战役，把战争推向东欧和德国本土。1944 年 6 月，美英盟军诺曼底登陆成功，开辟了欧洲第二战场，迅速解放了法国，直逼德国本土。在亚洲太平洋战场，盟军胜利地进行了越岛进攻和海空作战，沉重打击了日本侵略军。

1943 年初，日本法西斯为了扭转其在中国战场上的被动局面，采取了一系列所谓的“积极手段”，一是对中国实行新的政策，加紧扶持汪伪势力，强化对中国占领区的物资掠夺，以便从中抽取更多的兵力和物资投入到太平洋战场，从而夺回主动权。二是企图建立“大东亚共荣圈”。1943 年 11 月，日本法西斯将其在东亚区占领国扶持起来的傀儡政权代表召集到东京，举行“大东亚会议”，发表了《大东亚共同宣言》，并决定正式建立“大东亚共荣圈”，企图将各傀儡政权绑架在日本的战车上，为日本帝国主义的失败而充当炮灰。三是收缩防线，准备与同盟国决战。但在中国战场的局部反攻和太平洋战场的战略反攻的形势下，这些措施无法使日本法西斯夺得战争的主动权，反而随着对外侵略战争形势的持续恶化，日本国内也面临着经济和政治危机。

太平洋战争爆发以后，为了适应战争的需要，日本迅速强化了以军需生产为主的战时经济体制。但由于日本自身资源贫乏，再加上长期战争的巨大需求使得日本的国民经济不堪重负。而随着战争消耗的急剧增加，加之战争形势的转变，使得日本从国外掠夺的资源越来越少，日本的战时经济开始变得难以为继。为此，日本政府不惜超限度压缩民用生产，极限发展军需工业，导致其基础工业和农业生产严重萎缩，破坏了社会经济结构的均衡发展。到 1944 年日本的轻工业生产形势已极度恶化，“如棉纱产量，1941 年约 30.8 万吨，1943 年约 9.6 万吨，到 1944 年只有 5.6 万吨”①。轻工业产量锐减，冲击着军需工业，生铁、钢材、水泥等年产量也都大幅度下滑，日本经济处于风雨飘摇的境地。

伴随着经济上的凋敝，日本民众的反战情绪不断高涨，各种形式的反战斗争此消彼长，日本军队内部

①《中国抗日战争史》编写组：《中国抗日战争史》，人民出版社 2011 年版，第 543 页。

士兵反战厌战事件时有发生，如 1943 年 2 月在一封被军部没收的士兵的信件中就表达了其厌战情绪。

现在心中满是冷漠无情和懊恼。仰望着天空，无论风在吹，雪在飘舞，人群在移动，安静也好，大笑也好，吃东西也好，无论做什么，看到的，听到的都是故乡的事情……这种想要回家的心情是写也写不尽的。①

军事上的失利，经济上的凋敝，加之国内人民的不满，冲击了日本法西斯政权的稳定。1944 年，日本国内经济形势和国外战场局势都开始急剧恶化，日本各层民众对于政府的不信任情绪愈演愈烈，东条英机内阁于 7 月被迫辞职，日本国内政治危机不断加深。

日本在太平洋战场上的节节败退，以及国内不断加深的政治危机，影响到了其对华政策。日本从中国战场上抽调兵力，以增援太平洋战场，这一时期加大了对汪伪政权的扶持力度，继续保持对国民党政府的军事压力，挫败其抗战意愿，继续对共产党领导的抗日根据地进行“治安战”。中国共产党领导的敌后抗日根据地被日本视为心腹之患，日军对根据地实行持续的“大扫荡”。1943 年 8 月，日本侵华的中国派遣军更

① 杨川、王胜金:《铁证如山 6，吉林省档案馆馆藏日本侵华邮政检阅月报专辑⑤》，吉林出版集团 2016 年版，第 118—119 页。

是在本年度秋季作战指导大纲中规定，要努力确保占领地区的安定，“今年秋季要歼灭共产党军队，华北方面军应在今年秋季摧毁共产党军队的根据地”[①]，开展所谓的“治安战”，其实是对根据地“扫荡”的延续，以确保其“绝对国防圈”的稳固。日军对根据地的持续“扫荡”和封锁，使得在根据地内继续推动大生产运动，满足根据地军民的基本物质生活就显得更为必要了。

（二）日军战略收缩和敌后战场的局部反攻

日军为了维持其在太平洋战场的作战，于 1943 年夏季以后陆续从中国战场调出部分兵力，使得其在中国占领区的兵力相对减弱。更为重要的是，中国抗战军民，尤其是敌后抗战军民经受住了日军在 1941 年至 1942 年毁灭性“扫荡”的严峻考验。日军在华北战场上逐步失去了主动权，而力量处于上升阶段的八路军在一些地区开始占有了局部的优势。从 1943 年起，华北敌后抗日根据地陆续进入恢复和再发展新阶段。由于深入贯彻“敌进我进”的方针，广大抗日军民已把

① 胡德坤：《中日战争史（1931—1945）》，武汉大学出版社 2005 年版，第 363 页。

斗争的焦点逐步引向了敌占区，逐渐掌握了斗争的主动权，促进了斗争形势的变化。在华中敌后抗日军民取得了反“扫荡”、反“清乡”和反“蚕食”斗争的一系列胜利，有力打击了日军的扩张行动。

1944 年初，华北、华中、华南敌后抗日军民抓紧有利时机，展开了对日、伪军的局部反攻。在华北，晋察冀边区人民武装在春夏季攻势中，一面巩固了抗日根据地的基本区，一面积极向游击区和敌占区伸展，扩大根据地。晋冀鲁豫边区人民武装抓住日、伪军自 9 月起向边区内各抗日根据地进行“扫荡”间隙，后方城镇据点和交通线兵力空虚的弱点，展开了向敌占区城镇和交通线的攻势。在华中，根据地军民共歼敌军约 5 万人，收复国土 7400 余平方公里，基本上遏制了日、伪军对抗日根据地的进攻，同时也将津浦路东各抗日根据地连成一片，各地斗争局面进一步改善。在华南，抗日游击队积极配合国民党军的作战，广泛向日、伪军出击，有效地牵制了敌人，在巩固原有根据地的同时，开辟了粤北、粤中部分新区，同时也发展了潮汕地区和雷州半岛的抗日游击武装。

为了适应国内战局转向局部反攻的需要，迎接全面反攻的到来，为最后的胜利准备坚实的基础，中共中央决定进一步推动大生产运动，并将发展生产作为边区的中心任务。1942 年 12 月 9 日，陕甘宁边区政府委员会第三次会议确定了“生产第一，教育第二”的方针。1943 年 1 月 1 日，《解放日报》的《新年献词》中指出“1943 年将是我国更加接近胜利的一年，但同时也将是我国遭遇到空前困难的一年”，而对于“一个比较处于后方的抗日民主根据地”——陕甘宁边区而言，“‘发展生产，加强教育’，将是一九四三年的中心任务，而‘发展生产’，尤为中心中的中心”[①]。1943 年 1 月 25 日，毛泽东在致彭德怀的《对战后形势的分析和关于当前工作问题的指示》电文中，指出“陕甘宁边区的中心工作是经济与教育二项，敌后各根据地的中心工作是战争、经济与教育三项”[②]。随后，大生产运动也在其他敌后根据地全面展开。1944 年 6 月 12 日，八路军总部召开了生产会议，确定了生产原则，即“将先公后私、公私兼顾的原则更加具体化而愈益促进生产运动之开展”[③]，以及生产自给的标准问题。1944 年 4 月到 6 月，中共中央华中局、新四军政治部先后下达了《关于开展部队与机关

①《新年献词》,《解放日报》1943 年 1 月 1 日第 1 版。

②《中共中央文件选集（1943—1944）》（第 14 册），中共中央党校出版社 1991 年版，第 15 页。

③《中国抗日战争军事史料丛书：八路军・文献》（第 4 卷），解放军出版社 2016 年版，第 112 页。

生产运动的指示》和《关于生产计划的通知》，对如何继续开展生产运动提出了明确的要求。大生产运动的继续开展，进一步促进了抗日根据地的经济发展，为中国共产党领导的敌后战场进行局部反攻奠定了基础。

（三）大生产运动的开展与根据地的党群关系

毛泽东发表题为《为人民服务》的讲演，是针对当时党内存在的对大生产运动认识不足，党群关系以及军内军民关系存在某种程度的紧张等问题进行阐发的，具有极强的历史针对性，其讲演中谈到的“为人民服务”的宗旨观、以人民利益为是非标准以及五湖四海的同志关系，等等，都是基于党内存在的一些问题所提出来的。

1940 年以后，由于国民党顽固派加紧了对陕甘宁边区的军事包围和经济封锁，边区面临着更大的经济困难。为此，11 月 12 日，中共陕甘宁边区中央局作出了《关于开展边区经济建设的决定》，指出“广泛地开展边区经济建设，是边区当前刻不容缓的迫切任务”①。到了 1941 年 12 月，中共中央西北局通过了《关于 1942 年

①《抗日战争时期陕甘宁边区财政经济史料摘编》（第 9 编），长江文艺出版社 2016 年版，第 19 页。

度边区经济财政建设的决定》，指出虽然 1941 年的经济建设取得了相当大的成绩，但是“目前边区经济财政还处在一个达到自给自足的过渡阶段，困难还远未完全克服”[①]，必须继续推动大生产运动。陕甘宁边区军民自己动手，自力更生，迅速掀起了大生产运动的高潮。为了推动大生产运动的顺利开展，毛泽东先后发表了《抗日时期的经济问题和财政问题》《开展根据地的减租、生产和拥政爱民运动》《组织起来》等文章，提出了一系列指导大生产运动的方针原则。

应该说，边区大部分军民已经意识到大生产运动的重要性，但是一些干部特别是长期从事革命斗争工作的党员干部，仍然存在着轻视生产、忽视经济工作的倾向。1943 年 3 月 8 日，中共西北局在作出《关于开展生产运动的指示》时，就指出了生产运动中存在的问题，特别指出“要纠正一部分干部对生产放弃领导的思想”[②]，由此可见，当时确实存在着对大生产运动的重要性认识不足的问题。张思德在大生产运动中因煤窑崩塌而牺牲后，就有人认为不值得。据当时在中央社会部工

①《中共中央西北局文件汇集（1941年）》，中央档案馆、陕西省档案馆 1994 年版，第 269 页。

②《中共中央西北局文件汇集（1943 年）》（第 1 卷），中央档案馆、陕西省档案馆 1994 年版，第 116 页。

作的慕丰韵回忆，“张思德同志牺牲之后，警备团的战士有些议论：‘老红军，经过长征，负过伤，最艰苦的环境都过来了，因到山中烧窑被崩塌的炭窑砸死了，太不值得了’”！[①] 为此，毛泽东在讲演的开篇直接谈论到生死观的问题，指出为人民的利益而死是重于泰山的，也是死得其所的。而这也是对大生产持消极观点的党员同志们的回应，大生产运动和打仗一样，都是为人民的利益而工作的，因而都是有着崇高的意义和价值的，就是牺牲也是值得尊敬的。

在开展生产运动的过程中，也存在着向农民征收公粮过重、指标过高的情况，加重了边区人民的负担，造成了边区党群关系紧张的状况。“一九四一年六月三日，陕甘宁边区政府召开县长联席会议，讨论征粮问题。天正下着大雨，会议室突然遭到雷击，延川县代县长李彩云被电击死。事后，一个农民便说：老天爷不睁眼，咋不打死毛泽东？保卫部门要把这件事当作反革命事件来追查，被毛泽东制止了”[②]。

毛泽东在《为人民服务》的讲演中，开宗明义地

①《纪念毛泽东〈为人民服务〉发表五十周年文集》，党建读物出版社1995年版，第34—35页。

② 金冲及：《毛泽东传（1893—1949）》，中央文献出版社2004年版，第639页。

指出“我们这个队伍完全是为着解放人民的，是彻底地为人民的利益工作的”。这一论断既是对以往革命经验的总结，也为中国共产党人的革命工作树立了一个根本原则，就是一切以人民的利益为中心，而这也成为检验党的政策方针的标准，也是中国共产党处理党群关系的根本导向。通过纪念张思德的讲话，就是树立了一个为人民利益而工作的标杆模范。

以人民的利益为标杆，就是要求我们所有工作都要以人民为中心，“为人民的利益坚持好的，为人民的利益改正错误的”，以人民的利益为衡量一切工作的尺度。当然，这不仅仅是指在《为人民服务》讲演中接受李鼎铭先生的意见实行“精兵简政”的政策，为人民的利益坚持好的，更重要的是克服1943年以来在党政军内部出现的骄傲自满的情绪，勇于自我修正和自我革命，为人民的利益改正错误的。随着世界范围内反法西斯战争转向战略反攻，国内抗日战争也进入到一个新的阶段，根据地建设伴随着大生产运动的开展，局势也呈现出新的生机，党内也出现了一些骄傲自满的情绪。毛泽东于1943年11月在中共中央招待陕甘宁边区劳动英雄大会上的讲话中就指出了陕甘宁边区存在的一些骄傲情绪，“近年来确实生长了一种军阀主义的毛病，一部分军队工作同志养成了一种骄气，对士兵，对人民，对政府，对党，横蛮不讲理，只责备做地方工作的同志，不责备自己，只看见成绩，不看见缺点，只爱听恭维话，不爱听批评话。例如陕甘宁边区，就有这种现象”[①]。1944 年 4 月，毛泽东又在延安高级干部会议上的讲话中强调了要克服骄傲的情绪，并分析了党的历史上曾经有过几次表现较大的骄傲情绪，指出“全党同志对于这几次骄傲，几次错误，都要引为鉴戒”[②]。1944 年 4 月 18 日和 19 日，《解放日报》分两期刊载了郭沫若的《甲申三百年祭》，作为全党学习材料，以克服骄傲的情绪。1944 年 11 月 21 日，在给郭沫若的信中，毛泽东就谈到“你的《甲申三百年祭》，我们把它当作整风文件看待。小胜即骄傲，大胜更骄傲，一次又一次吃亏，如何避免此种毛病，实在值得注意”[③]。可以说，如何在胜利之后继续保持谦虚谨慎的作风，跳出“历史周期率”，从而永葆党的先进性等问题，毛泽东在这时就已经有所思考。

由于长期处于各种反动势力和小资产阶级的包围之中，加之游击战争的高度分散的环境、纪律教育的放松等原因，使得“极端恶浊的官僚主义灰尘和军阀

①《毛泽东选集》(第 3 卷)，人民出版社 1991 年版，第 934 页。
②《毛泽东选集》(第 3 卷)，人民出版社 1991 年版，第 948 页。
③《毛泽东文集》(第 3 卷)，人民出版社 1996 年版，第 227 页。

主义灰尘天天都向我们的脸上大批地扑来”①，这种官僚主义和军阀主义在军队内部表现为上下级关系的紧张、官兵脱节等问题。时任陕甘宁晋绥联防司令部副政委兼政治部主任的谭政，1943年1月16日在陕甘宁边区部队军政干部会上作了《肃清军阀主义倾向》的报告，指出了官兵关系不正常的现象，“我们部队中某些干部，不关心部队，不关心下级人员与战士，对他们的情绪与生活，不闻不问，只求个人享受得舒适。对于下面毫不过问，这种人不但是典型的官僚主义者，而且很有一点军阀派头”②。不仅如此，干部之间的关系也存在着一股邪风，干部之间“总是互相恭维，有缺点不批评，见了批评就满面通红，就挟气见仇，而对于奉承的话就全身发痒，在上下级关系上瞒上瞒下，在同事关系上是闹意气，争地位，我比你高，你比我低，我要跨在你之上，你必须站在我之下”③。基于此，在抗日战争进入局部反攻并取得重大胜利之际，中共中央和中央军委决定利用战斗间隙进行一次大规模的军政

①《毛泽东选集》(第3卷)，人民出版社1991年版，第935页。

②《建党以来重要文献选编（1921—1949）》(第20册)，中央文献出版社2011年版，第66页。

③《建党以来重要文献选编（1921—1949）》(第20册)，中央文献出版社2011年版，第67页。

整训。1944 年 7 月 1 日，中共中央作出了《关于整训军队的指示》。整训分为军事和政治两个方面，军事整训主要是练兵，总结带兵用兵与养兵的经验。练兵内容，以技术为主，战术为辅。政治整训主要着眼于反对军阀主义、改善官兵关系、增强内部团结。1944 年 12 月，毛泽东在陕甘宁边区参议会第二届第二次会议上谈到 1945 年的任务时，强调要加强军队内部团结，指出“中国军阀军队的军阀主义习气在我们军队里的影响，仍然是存在的。有些部队，这种习气还是很严重。一九四五年，应该进行广大的工作，将军队官兵关系中的一切不良现象，例如打人，骂人，不关心士兵的给养、疾病及其他困难，对于士兵的错误缺点不耐心教育说服、轻易处罚，以及侮辱或枪毙逃兵等等恶劣习惯及错误方针，从根本上去掉”①。

对于加强内部团结、构建同志式的关系，毛泽东在《为人民服务》中作了极为简练和经典的阐述，“我们都是来自五湖四海，为了一个共同的革命目标，走到一起来了”，构筑了同志式关系的根基，即“共同的革命目标”。继而谈到“我们的干部要关心每一个战士，一切革命队伍的人都要互相关心，互相爱护，互

① 《毛泽东文集》（第 3 卷），人民出版社 1996 年版，第 238 页。

相帮助”，这是同志式关系的基本内涵。只有在革命的队伍中形成良性的同志式关系，才能够形成无坚不摧的战斗力。

张思德塑像

毛泽东在《为人民服务》的讲演中谈到同志式的关系，张思德在这方面作出了表率。在延安，吃粮困难，吃芽麦子、糠麸子、山野菜是常事，就这些还经常吃不饱。班里饭来了，张思德常常叫同志们先吃，他提桶去打水，从而错开了就餐时间，让战士们多吃点。后来，经过大生产运动，物质生活大为宽裕了一些，开始分饭吃了，他又经常借以胃口不好，把他那一份匀些给新来的战士。不仅如此，张思德对战士的批评总是耐心讲道理，很少声色俱厉。作为班长，他威信很高，班内气氛也十分融洽。他的行为称得上“为人民服务”的模范。

三、《愚公移山》的写作背景

《愚公移山》是毛泽东在中国共产党第七次全国代表大会闭幕式上的致辞。在致辞中，毛泽东简要回顾了党的七大所取得的成果，并号召广大党员干部们向人民宣传七大的路线，坚定革命必胜的信心。同时，毛泽东也分析了国内形势，指出在当今世界民主才是主流。最后毛泽东也强调，继续努力把中国引向光明。《愚公移山》是在世界反法西斯战争即将取得胜利之际的国际大背景之下，是在中国抗日战争行将取得全面胜利而国民党仍然企图维持其统治并不惜发动内战的国内环境之下，是在中国共产党的七大胜利召开，确立了放手发动群众、壮大人民力量的政治路线和毛泽东思想的指导地位的党内新形势下而作的一次讲话，对于凝聚党心民心具有积极意义。

（一）同盟国确立战后秩序和日本法西斯走向穷途末路

1945 年初，世界范围内的反法西斯战争即将取得全面胜利。在欧洲战场上，苏军和英美联军分别从东西两条路线对德国展开了攻势，德国法西斯势力灭亡也只是时间问题了。如何处理战败的德国和战后的欧洲秩序问题，开始成为苏联、英国和美国等同盟国的关注焦点。在亚洲和太平洋战场上，日本法西斯虽遭受重创，但仍在负隅顽抗。在中国战场上，日军还投入了相当数量的陆军。为全部消灭日军力量，英美等国要求苏联早日参加对日作战。1945 年 2 月 4 日至 11 日，苏、美、英三国首脑齐聚雅尔塔，讨论欧洲战后秩序和对日战争的问题，会后签订了关于日本问题的秘密协议（《雅尔塔协定》）。雅尔塔会议结束后，三国加强了对德进攻。4 月 8 日，德国投降，至此第二次世界大战欧洲战争结束。

德国投降后，盟军作战重心迅即东移，全力对付日本法西斯。为进一步协调同盟国在亚洲战场的行动，分享“二战”的胜利果实，1945 年 7 月 17 日至 8 月 2 日，苏、美、英三国首脑再次于德国波茨坦聚首协商共同关心的重大问题。波茨坦会议着重讨论了结束对日作战的条件以及战后对日本的处置问题。1945 年 7 月 26 日，波茨坦会议以宣言的形式发表了《中美英三国促令日本投降之波茨坦公告》(简称《波茨坦公告》)，敦促日本法西斯立即投降。虽然当时的中国政府没有参会讨论，但公告发表之前已征得它的同意。8月8日，苏联向日本宣战，正式加入该公告。

《波茨坦公告》发布以后，日本军部商议拒绝接受，同盟国只好对日本法西斯进行最后一战。在太平洋战场上，美军已完全掌握战争主动权，并向日本广岛和长崎使用原子弹，加速了日本军国主义政府的迅速投降。在中国战场上，苏联参加对日作战，发起了远东战役，主要向日本关东军发动进攻，加速了日军投降的进程，缩短了盟军对日作战的时间。

日本法西斯发动长期大规模侵略战争，对日本国内经济和政治造成巨大伤害。日本国力也在长期的战争中愈益枯竭。庞大的军费开支使得日本人民生活陷入饥寒交迫的困境，加剧了统治集团内部政治危机。1945年夏，太平洋战火已烧进日本本土，日本法西斯已步入穷途末路。

（二）中国抗战胜利在望与国民党的内战方针

抗日战争进入到1943年以后，随着日军在太平洋战场上的失利，国内抗日战争形势逐步扭转，开始进入战略反攻阶段，特别是中国共产党领导的抗日根据地已经度过了最艰难的时期，力量进一步壮大。进入到1945年，中国抗日战争胜利在望。正如《解放日报》在1945年1月1日发表的《新年献词》中所强调的，“今天抗战已经进入第九个年头了。在这悠长的岁月中，我全国同胞备尝了战争的种种痛苦，我们渴望着战争的迅速胜利”①。对于战后中国向何处去的问题，中国共产党和国民党分别作出了不同的回答。

为进一步巩固国民党的统治，维护自己的权威，1943年3月10日，蒋介石出版《中国之命运》一书，该书为陶希圣代笔，进一步强调了三民主义和中国国民党之于中国抗战的重要意义，指出“抗战的最高指导原则，惟有三民主义。革命的最高指导组织，惟有中国国民党”②。在本书最后，蒋介石更是指责中国共产党“割据地方，企图破坏抗战，妨碍统一”，并污蔑中国共产党“不是军阀，至少亦不能不说是封建。这种变相的军阀和新式的封建，究竟对民族，对革命是不是有益，还是有害”③。《中国之命运》集中反映了蒋介石集团对于中国政治走向问题上的基本立场和主张。

对于《中国之命运》中所主张的封建复古主张和内在蕴含的独裁主张，中国共产党进行了坚决的反击。

---

①《争取胜利早日实现》，《解放日报》1945年1月1日第1版。

② 蒋中正：《中国之命运》，正中书局1943年版，第106页。

③ 蒋中正：《中国之命运》，正中书局1943年版，第199页。

自1943年7月1日起，中共以《解放日报》为主要阵地，发表了大量批判《中国之命运》的文章。如毛泽东的《质问国民党》，王稼祥的《中国共产党与中国民族解放的道路》，艾思奇的《“中国之命运”——极端唯心论的愚民哲学》以及范文澜的《谁革命？革谁的命？》，等等。这些文章系统阐述了中国共产党的基本观点和政策主张，全面批驳了国民党的反动思想和政策。

随着中国抗日战争逐步走向胜利，美国对华政策也发生了改变，由扶蒋联共抗日转向扶蒋反共。1944年9月，以协调史迪威与蒋介石的矛盾为名义派遣赫尔利来华，史迪威被召回。11月，赫尔利接替高思出任美驻华大使。美国政府给赫尔利的使命是：“一、防止国民政府的崩溃；二、支持蒋介石作为中华民国的主席与军队的委员长；三、使蒋委员长与美国司令官间的关系和谐；四、增进中国境内战争物资的生产并防止经济崩溃；五、为击败日本计，统一中国境内一切军事力量。”[①] 显然，此时赫尔利的任务就是帮助国民党完成统一。为了实现这一使命，赫尔利立马介入了国共关系的调解。1944年11月7日，赫尔利携带着与

---

①《中美关系资料汇编》(第1辑)，世界知识出版社1957年版，第139页。

蒋介石共同草拟的《为着协定的基础》文件来到延安，文件内容主要为："一、中国政府与中国共产党，将共同工作，来统一在中国的一切军事力量，以便迅速击败日本与重建中国。二、中国共产党军队，将遵守与执行中央政府及其军事委员会的命令。三、中国政府与中国共产党将拥护为了在中国建立民有、民治、民享的孙中山的原则。双方将遵行为了提倡进步与政府民主程序的发展的政策。四、在中国，将只有一个国民政府和一个军队。共产党军队的一切军官与一切士兵，当被中央政府改组时，将依照他们在全国军队中的职位，得到一样的薪俸与津贴，共产党军队的一切组成部分，将在军器与装备的分配中得到平等待遇。五、中国政府承认中国共产党的政党地位，并将承认中国共产党作为一个政党的合法地位。中国一切政党，将获得合法地位。"① 至 11 月 10 日赫尔利与中共方面先后进行了四次会谈，最终达成了关于建立民主联合政府、联合军事统帅部和承认中共合法地位的《五条协定草案》，但是国民党政府拒绝了这一草案，反对成立联合政府，赫尔利的调解以失败告终。

---

①《中共中央文件选集（1943—1944）》（第14册），中共中央党校出版社 1991 年版，第 395—396 页。

1945年5月5日至21日，国民党在重庆召开了第六次全国代表大会，这是国民党在大陆召开的最后一次全国代表大会。大会通过的《本党同志对中共问题之工作方针》对联合政府问题予以抹杀，认为“中共最近变本加厉，提出联合政府口号，并阴谋制造其所谓‘解放区人民代表会议’，企图颠覆政府，危害国家”[①]，并污蔑中共武装割据，破坏抗战，并要求“凡我同志均应提高警觉，发挥革命精神，努力奋斗，整军肃政，加强力量”[②]，试图与中共先来一场“政治”战。除此之外，本次会议对于《中国国民党总章》的修改，进一步加强了蒋介石的独裁权力：一是取消了“副总裁”的职务，二是规定总裁“行使”总理之职权。同时，本次会议在没有任何竞争对手的情况下，蒋介石再次被“推选”为国民党总裁。美国的扶蒋反共政策，国民党召开的六大拒绝联合政府的主张，确立了实行独裁和内战的反动方针，表明国民党要把战后的中国引向黑暗。

①《中国国民党历次代表大会及中央全会资料》(下册)，光明日报出版社1985年版，第921页。

②《中国国民党历次代表大会及中央全会资料》(下册)，光明日报出版社1985年版，第921页。

（三）中国共产党七大的召开与建立新中国的方案

随着世界反法西斯战争胜利在望，中国的抗日战争也日趋接近最后的胜利。为总结中国革命经验，争取抗战的最后胜利，将中国引向更加光明的前景，中国共产党召开了第七次全国代表大会。

中国共产党为七大召开做了充分的准备工作。1938 年 11 月 6 日，中共扩大的六中全会通过了《关于召集第七次全国代表大会的决议》，指出七大的中心任务，“是在于讨论和规定在坚持抗战，坚持持久抗战，坚持巩固和扩大以国共合作为基础的抗日民族统一战线的总方针下，动员全民族的一切生动力量，团结起来，克服当前的困难，进行伟大的抗日战争，争取和保证抗日战争最后的胜利”①。1944 年 5 月 21 日至 1945 年 4 月 20 日，中国共产党召开了历时长达 11 个月的六届七中全会，全会分别通过了七大的议事日程和报告负责人，讨论并通过了准备向七大所作的政治报告、

①《中共中央文件选集（1936—1938）》（第 11 册），中共中央党校出版社 1991 年版，第 774 页。

军事报告和准备提交七大讨论的党章草案，通过了七大主席团名单、代表资格审查委员会候选人名单及会议日程，通过了《关于若干历史问题的决议》，所有这一切为七大的召开作了充分的思想和组织上的准备。1945 年 4 月 21 日，中国共产党召开了七大预备会议。会上，毛泽东作了《中国共产党第七次全国代表大会的工作方针》的讲话，指出“大会的工作方针就是团结和胜利”，同时也强调“我们现在还没有胜利，力量还小，前面还有困难”[①]。可以说，这次讲话与《愚公移山》中所强调的既要保持必胜的信心，也要认清现实，努力奋斗的主旨是一致的。

1945 年 4 月 23 日至 6 月 11 日，中国共产党第七次全国代表大会在延安举行。毛泽东在大会上作了题为《两个中国之命运》的开幕词，并作《论联合政府》的书面政治报告，朱德作《论解放区战场》的军事报告，刘少奇作《关于修改党章的报告》，周恩来作《论统一战线》的发言。会议经过讨论，通过了关于政治、军事、组织方面的报告与议案，并制定了新的党章和建设新中国的路线、纲领和政策。

七大分析了抗战胜利前后的国内外局势，并且认

① 《毛泽东文集》(第 3 卷)，人民出版社 1996 年版，第 295 页。

为经过长期战争的磨砺，中国人民的觉悟程度已经有了很大的提升，加之强大的中国共产党和解放区，日益高涨的全国性民主运动以及国际援助；同时第二次世界大战胜利的有利国际形势，使得中国人民打败日本侵略者，建立一个独立、自由、民主、统一和富强的新中国，把中国引向光明的时机也更加成熟了。正如毛泽东所说，“如果说，中国近百年来一切人民斗争都遭到了失败或挫折，而这是因为缺乏国际的和国内的若干必要的条件，那末，这一次就不同了，比较以往历次，一切必要的条件都具备了”[①]。大会同时也指出，虽然前景已日趋明朗，但是现实还是有很大的困难。这是因为在抗战以来，国民党与共产党所奉行的两条不同的抗战路线而造成的两种截然不同的结果，使得抗日战争在有利的形势下，仍然暗藏着很大的危机，“即使日本侵略者被打败了，中国仍然可能发生内战，将中国拖回到痛苦重重的不独立、不自由、不民主、不统一、不富强的老状态里去”[②]，对此全党和全国人民都要保持清醒的认识。在中国面临着光明与黑暗的两种前途和命运的抉择之际，中国共产党的任务就

①《毛泽东选集》(第3卷)，人民出版社1991年版，第1032页。
②《毛泽东选集》(第3卷)，人民出版社1991年版，第1052页。

是要用全力争取胜利。

此外，七大还提出了党的政治路线，就是毛泽东在《愚公移山》中所总结的“放手发动群众，壮大人民力量，在我党的领导下，打败日本侵略者，解放全国人民，建立一个新民主主义的中国”①。这一政治路线阐明了建立新中国的依靠力量——人民群众，革命对象——日本帝国主义及其走狗，领导力量——中国共产党。中共七大特别强调了争取胜利的关键在于加强党的领导。经历过北伐战争、土地革命以及抗日战争等三次革命的中国共产党，逐步成为中国人民抗日救国、中国人民解放的重心。因此，共产党人必须承担起领导中国革命的重任，带领中国人民和中华民族走向光明。

中共七大阐明了建设新中国的方案，其中着重强调了成立民主联合政府的问题。中共的建国方案分为一般纲领和具体纲领：一般纲领主要全面论述了新民主主义的政治、经济、文化等方面的内容；具体纲领包括彻底消灭日本侵略者、废除国民党一党专政，建立民主的联合政府、人民的自由、统一及军队问题、土地问题、工业问题、文化教育问题、少数民族问题

①《毛泽东选集》(第3卷)，人民出版社1991年版，第1101页。

和外交问题等各个方面。其中，七大尤其对新中国的国体作出了阐述，提出抗战胜利后，“建立一个以全国绝对大多数人民为基础而在工人阶级领导之下的统一战线的民主联盟的国家制度”①。实际上，这是中共在探索国家统一形式上的一次调整。早在中国共产党成立初期，中国共产党对国家统一形式的主张，是以苏联为模式的，中国共产党在第二次全国代表大会的宣言中主张“用自由联邦制，统一中国本部、蒙古、西藏、回疆，建立中华联邦共和国”②，到了抗战时期随着马克思主义中国化，中国共产党对国家统一形式的思考是建立在统一战线的基础之上的，民主联合政府就是抗日民族统一战线在政权上的最高形式。

中共七大是在抗日战争胜利前夕召开的一次极为重要的会议。七大系统地总结了中国共产党自成立以来二十多年的革命经验，制定了符合中国国情和人民期盼的政治路线、纲领和策略；七大确立毛泽东思想为中国共产党的指导思想并写入党章，为全党的团结奠定了坚实的思想基础，为争取中国共产党领导人民争取胜利，作了政治、思想和组织上的总动员。

---

①《毛泽东选集》(第3卷)，人民出版社1991年版，第1056页。

②《建党以来重要文献选编(1921—1949)》(第1册)，中央文献出版社2011年版，第133页。

在《愚公移山》的闭幕词中，毛泽东基本上承袭了七大对于国内外形势的分析，在鼓励全党和全国人民必胜的信心的同时，也强调了当前局势的复杂性。作为一篇经典的闭幕词，首先总结了会议成果，既鼓舞人心、催人奋进，又认清现实、持续奋斗，最后树立信心，进一步坚定了必胜的信心。可以说，用“愚公移山”的寓言来形容是非常切合实际的。一方面，以“愚公”明喻中国共产党人，以“上帝”隐喻“中国人民”，以不断挖山感动上帝移山的行为比喻中国共产党以先锋队的觉悟带动人民觉悟一起奋斗。另一方面，也以“智叟”为反面典型，强调要排除万难，排除干扰才能够争取到胜利。

第二章

《纪念白求恩》《为人民服务》和《愚公移山》的版本考据

《纪念白求恩》《为人民服务》和《愚公移山》等三篇文章均成作于抗日战争时期，其版本发行经历了由战争时期的零散分布到和平时期的正式版、单行版和合订版等不同阶段。

一、《纪念白求恩》的版本考据

八路军政治部、卫生部出版的《诺尔曼·白求恩纪念册》

《纪念白求恩》是毛泽东为纪念受加拿大共产党和美国共产党委派援华，而牺牲在医疗一线的白求恩大夫所作。1939年10月，白求恩在抢救伤员的过程中，手术刀不慎划破手指，造成感染，后因伤势恶化，经抢救无效，于1939年11月12日在河北省唐县逝世。11月22日，中共中央政治局召开会议，决定举行追悼白求恩大会。12月1日，延安各界举行追悼白求恩大会，毛泽东题写挽词："学习白求恩同志的国际精神，学习他的牺牲精神、责任心与工作热忱。"12月21日，毛泽东为八路军政治部、卫生部将在1940年出版的《诺尔曼·白求恩纪念册》收录了《学习白求恩》一文，这就是《纪念白求恩》的原版。"《学习白求恩》1940年刊发于《诺尔曼·白求恩纪念册》，是《纪念白求恩》的最初版本，1952年入选《毛泽东选集》时才更名为《纪念白求恩》，并做了诸多改动。1991年再版《毛泽东选集》时，编者对《纪念白求恩》的排版、字体、注释等做了修订"[①]。随后，在1948年，由大连大众书店印行，周而复、方纪著的《白求恩与阿洛夫》一书中，开篇就收录了毛泽东写的《学习白求恩》一文。1950年由新华书店编辑的《学习白求恩》一书中，也收集了毛泽东的《学习白求恩》一文。在这一版本的《学习白求恩》中，均采用繁体，从右至左竖排版，一共分为四个段落，段前均有"（一）"至"（四）"等标注。原文如下：

学习白求恩

毛泽东

（一）白求恩同志是加拿大的共产党员，五十多岁了，为了帮助中国的抗日战争，受加拿大与美国共产党的派遣，不远万里渡过太平洋，来到中国。去年春上到延安时，他就要求去五台山工作，不幸以身殉职。一个外国人毫无利己的动机，把中国人民的解放事业，

① 李红梅、王思遥：《〈纪念白求恩〉版本考证》，《出版发行研究》2015年第6期。

当作他自己的事业，这是什么精神？这是国际主义的精神，这是共产主义的精神，中国共产党员每个都要学习他这种精神。列宁说："资本主义国家的无产阶级，要拥护殖民地半殖民地的独立运动，殖民地半殖民地的无产阶级要拥护同资本主义国家无产阶级的联合，世界革命才能胜利"。白求恩是实践了这一条列宁主义路线的，我们中国共产党员也要实践这一条路线，我们要同一切资本主义国家的无产阶级联合起来，要同日本的、英国的、美国的、德国的、意大利的，以及一切资本主义国家的无产阶级，联合起来，才能打倒日本帝国主义，解放我们的民族与人民，解放世界的民族与人民。这就是我们的国际主义，这就是我们用以反对狭隘民族主义，反对狭隘爱国主义的国际主义。

（二）白求恩同志毫无利己，专门利人的精神，表现他对工作的极端负责任，对同志对人民的极端的热忱。每个共产党员都要学习他，不少的人对工作不负责任，拈轻怕重，把重担子推给人家，自己挑轻的，一事当前，先替自己打算一下，然后再替别人打算，出了一点力就觉得了不起，喜欢自吹，生怕人家不知道，对同志对人民不是满腔热忱，而是冷冷清清的，漠不关心，麻木不仁，这种人其实不是共产党员，至少不能算作一个纯粹的共产党员，对着白求恩同志应该愧死。从前线回来的人说到白求恩，没有一个不佩服的，没有一个不为他的精神而感动的，晋察冀一带的军民，凡亲身受白求恩医生的治疗及亲眼看见过白求恩医生的工作的，无不为之感动，每个共产党员，一定要学习白求恩同志这种真正共产主义者的精神。

（三）白求恩是个医生，他以医疗技术为职业，精益求精，在整个八路军的医务系统中，他的医术是最高明的，他五十多岁了，干此一门并未想改换，这对于一班见异思迁的，对于一班鄙薄技术工作以为不足道，以为无出路的人，也是一个极好的教训。

（四）我对白求恩同志只见过一面，后来他给我来过很多的信，可是我因为忙，仅回过他一封信，还不知他收到没有？至于他的死我是很歉疚的，现在大家纪念他，可见他的精神感人之深，我们大家要学习他毫无自私自利之心的精神，从这点出发，就可变为大有利于人民的人，一个人能力有大小，但只要有这种精神，就是一个高尚的人，一个纯粹的人，一个有道德的人，一个脱离低级趣味的人，一个有益于人民的人。

（一九三九年十二月二十一日）[①]

①《诺尔曼·白求恩纪念册》，国民革命军第十八集团军（八路军）政治部、卫生部出版，1940年，第2页。

1952年中共中央毛泽东选集出版委员会编纂出版的《毛泽东选集》第二卷，收录了《学习白求恩》一文，也采用了四段，繁体中文、竖排的排版格式，并将其改名为《纪念白求恩》。除此之外，1952年版的《纪念白求恩》，对标点符号、文章格式、表述方式以及一些词语进行了修改，共计77处（包括标点符号），主要可以分为以下几个方面：

一是标点符号的改动。全文标点符号改动共计26处，其中包括2处插入逗号，6处删去逗号，16处逗号改为句号，1处逗号改为分号，1处问号改为句号，多处标点符号的修改，使得文章更加规范。

二是文章格式的改动。1952年版《毛泽东选集》为统一格式，删去了段前“（一）”至“（四）”的标注以及文前的作者姓名和文后的写作日期。除此之外，还为“白求恩”一词和“列宁主义认为……”一句话加入了注释。

三是表述方式的改动。1952年版《纪念白求恩》修正了一些语法错误和不正确的表述，使得行文更加流畅，逻辑更加严密。如，将“不远万里渡过太平洋，来到中国”改为“不远万里，来到中国”；将“中国共产党员每个都要学习他这种精神”改为“每一个中国共产党员都要学习这种精神”；删除了“对着白求恩同志应该愧死”和“他五十多岁了，干此一门并未想改换”。

四是根据时代背景和行文结构，对一些词语进行了改动。如将“列宁说”改为“列宁主义认为”，将“独立运动”改为“解放斗争”。除此之外，为使文章表达更加合理，将“他的医术是最高明的”改为“他的医术是很高明的”；将“至于他的死我是很歉疚的”改为“对于他的死，我是很悲痛的”[①]，更能体现出作者的缅怀之情。

1965 年 3 月，由毛泽东著作选读编辑委员会编辑，人民出版社出版的《毛泽东著作选读》（甲种本）第 171—173 页收录《纪念白求恩》一文。在 1952 年版本的基础之上，该版采用简体中文，从左至右横排的排版格式。此外，还对“白求恩”的注释进行了修改，注明了白求恩来到中国和延安的时间，“一九三八年初来到中国，同年三、四月间到达延安”；将白求恩的逝世地点由“河北的完县”改为“河北唐县”。

1986 年 8 月，由中共中央文献编辑委员会编辑，人民出版社出版的《毛泽东著作选读》（上册）在第 345—346 页收录《纪念白求恩》一文。在 1965 年版本的基础之上，1986 年版本对“白求恩”和“列宁主义认为”的

① 《毛泽东选集》（第 2 卷），人民出版社 1952 年版，第 654 页。

注释都做了一定的改动。对“白求恩”的注释中，一是增加了白求恩的生卒年月的说明；二是将白求恩在中国的工作年限由1952年版的“两年”改为“一年多”。对“列宁主义认为”的注释中，将原来“参看斯大林《论列宁主义基础》(1924年4—5月)一文的第六部分《民族问题》”改为“参见列宁《民族和殖民地问题提纲初稿》(《列宁选集》第4卷，人民出版社1972年版，第270—276页)和斯大林《论列宁主义基础》第六部分《民族问题》(《斯大林选集》上卷，人民出版社1979年版，第241—242页)”。

1991年2月，中共中央文献编辑委员会编辑的《毛泽东选集》(第二版)，由人民出版社出版，在第二卷第659—661页收录了《纪念白求恩》一文。该版本的《纪念白求恩》，对于“列宁主义认为”的注释，做了进一步的修改，将原来的注释改为“参见列宁《民族和殖民地问题提纲初稿》和《民族和殖民地问题委员会的报告》”，并附上了详细的卷次、出版日期和页码。此后出版的各种版本的《纪念白求恩》均以此为基准，作为党性教育和民族精神培育的重要教材。

据不完全统计，《纪念白求恩》以多种形式刊行，国内中文形式刊印的共有12种版本，国外出版的单行本有两种，分别为巴基斯坦卡拉奇人民出版社于1967

年出版的乌尔都文版和委内瑞拉《红旗》政治学习中心于 1967 年出版的西班牙文版。

二、《为人民服务》的版本考据

解放日報

毛主席親致哀悼

《解放日报》报道的纪念活动

《为人民服务》是毛泽东在中央警备团追悼战士张思德大会上的讲话。张思德是四川仪陇人，18 岁参加红军，走过雪山草地，经历艰难困苦，也曾光荣地负过伤。1944 年 9 月 5 日，张思德在陕西安塞县石峡峪烧炭，因炭窑崩塌牺牲。9 月 8 日，中央警备团召开追悼会，毛泽东亲临讲话，并题写挽词“向为人民利益而牺牲的张思德同志致敬”。这篇讲话以新闻稿的形式，题为《警备团追悼战士张思德同志　毛主席亲致哀悼　“为人民的利益而死，是死有重于泰山”》，发表在《解放日报》1944 年 9 月 21 日第 1 期第 1 版。

该版以中文繁体竖排的排版格式，共计 1200 余字，是《为人民服务》的最初版本。一共七个段落，其中毛泽东讲话共分五个段落，也是后来编辑《为人民服务》的根据。原文如下：

警备团追悼战士张思德同志　毛主席亲致哀悼

“为人民的利益而死，是死有重于泰山”

【本报讯】中央警备团战士张思德同志，今年才三十岁，但为党为人民已战斗了十二年，走过雪山草地，受过长期艰苦的锻炼，也曾光荣地负过伤，是一个忠实为人民利益服务的共产党员。不幸于今年九月五日在安塞石峡峪烧炭遇险殒命。中央警备团团部特于九月八日下午二时，在西山广场开会追悼，到会者千余人，毛主席亲临讲话。主席台四周布满花圈和挽联，中间毛主席亲笔挽辞“向为人民利益而牺牲的张思德同志致敬”几个大字，与会者无不深感死者的光荣。大会在哀乐声中开始，在团政治处张主任介绍死者的光荣历史后，毛主席即缓步登台，怀着沉痛的心情向死者表示敬意，继作历时一时半之久的讲话，对为人民利益而牺牲的意义，阐述至详。

毛主席说：“我们共产党八路军新四军这个团体，完全是为着解放人民的，是澈底为人民利益工作的，张思德同志就是我们这个团体中的一个。”

毛主席又说：“人总是要死的，但死的意义有不同，中国古时候有个文学家叫做司马迁的说过：‘死有重于泰山，有轻于鸿毛’，为人民利益而死就比泰山还重，替法西斯卖力为剥削人民压迫人民的人死去，就比鸡毛还轻。张思德同志是为人民利益而死，所以他的死，比泰山还重。”

毛主席继又申述虚心倾听党外人士意见，为人民的利益坚持好的改正缺点的道理。他说：“因为我们是为人民利益服务的，所以有缺点就不怕别人批评指出，不管是中国人还是外国人，谁向我们提出都行。只要你说的对，我们就改正；你说的办法对人民有好处，我们就照你的办。‘精兵简政’就是党外人士李鼎铭先生提出来的，他提的好，对人民有好处，我们就采用了。只要我们能为人民的利益坚持好的，为人民的利益改正错的，我们这个团体就一定会更加兴旺起来。”

毛主席又教导我们大家要相互关心、相互爱护、相互帮助。他说：“我们都是来自五湖四海，为了这一个革命的共同目标，走到一起来了，但我们还要和全中国大多数人民走这一条路。我们今天已经是八千六百万人民的大团体，但还不够，还要更大，才能取得民族的解放。我们同志在困难的时候，要看到成绩，看到光明，提高我们向前的勇气。中国人民正在受难，我们有责任解救他们，我们要努力奋斗。要奋斗就有牺牲，死人的事会是经常发生的。但是我们想到人民的利益，想到大多数人民的痛苦，我们为人民而死，总比为土豪劣绅而死好得多。不过，我们应尽量减少那些不必要的牺牲，我们干部要关心每一个战友，一切革命团体的人都要互相关心、互相爱护、互相帮助。”

最后，毛主席号召把开追悼会变成一个制度，并推广到老百姓中间去。他说：“今后我们团体里，不管死了谁，不管是伙夫还是战士，我们都要给他送葬，开追悼会，这要成为一个制度，这个方法也要介绍到老百姓那里去，村上的人死了，开个追悼会，用这样的方法，寄托他们的哀悼，使整个人民团结起来。”

毛主席讲话后，乃由该团代表致辞，他代表警备团全体战士宣誓，要遵照毛主席的指示学习张思德同志为人民利益服务的榜样，继承他的遗志更加努力地干下去。四时许散会。

1953年5月，由中共中央毛泽东选集出版委员会编辑，人民出版社出版的《毛泽东选集》（第三卷）第1003—1004页收录了毛泽东的这篇讲话，并按照选集格式进行了编辑修改。除了对标点符号作了17处修改之外，这次编辑修改工作主要有四个方面的特点。

一是加上了标题。如前所述，1944年版本是以新闻通讯稿的形式发表出来。1953年版在此基础上删去了与毛泽东演讲无关的内容，并增加了《为人民服务》的标题，突出了文章的主旨，从而形成了《为人民服务》的书面版本。

二是改正了明显的错误之处。由于战时条件的限制，演讲中引用的名言与数据不可能太精准，难免会有偏差。1953年版本对此进行了更正，主要有两处：一处是对司马迁的话进行了更正，1944年版原文为“中国古时候有个文学家叫做司马迁的说过：‘死有重于泰山，有轻于鸿毛’”，经过核查更正为“中国古时候有个文学家叫做司马迁的说过：‘人固有一死，或重于泰山，或轻于鸿毛’”。另一处为“我们今天已经是八千六百万人民的大团体”，经核查更正为“我们今天已经领导着九千一百万人口的根据地”。

三是修改了相关的表述。结合时代背景和语言习惯，1953年版对相关词汇进行了修改，使其表达更加顺畅。主要有：将“团体”改为“队伍”，将“为人民的利益服务”提炼为“为人民服务”，将“就比鸡毛还轻”改为“就比鸿毛还轻”，将“为了这一个革命的共同目标”改为“为了一个共同的革命目标”，将“总比为土豪劣绅而死好得多”改为“就是死得其所”，将“伙夫”改为“炊事员”，并在后面加上“只要他是做过一些有益的工作的”。这样的改动使得文风更加清晰明快，逻辑更加严密。

四是增加了注释。除了上述三种类型的修改之外，1953 年版本的《为人民服务》还新添了几处注释，主要有《为人民服务》的题解，张思德、司马迁、李鼎铭的注释，以及解放区人口的注解。注释的增加极大地方便了读者了解文章的时代背景和中心思想。

1965 年 3 月，由毛泽东著作选读编辑委员会编辑，人民出版社出版的《毛泽东著作选读》(甲种本)第 233—234 页收录《为人民服务》。为适应新的时代要求，该版本采用简体中文横版的排版格式，将“澈底”更改为“彻底”，更加符合大众化的语言习惯，并且对张思德的注释进行了改动，1965 年版本将其参加革命的年份更正为“一九三三年”。

1986 年 8 月，由中共中央文献编辑委员会编辑，人民出版社出版的《毛泽东著作选读》(下册)第 587—588 页收录《为人民服务》一文。1986 年版对题解和注释都进行了修改。将题解由“这是毛泽东同志在中共中央直属机关为追悼张思德同志而召集的会议上所作的讲演”改为“这是毛泽东在中共中央警备团追悼张思德的会议上的讲演”。在张思德的注释中，去掉了“同志”二字，增加了他的籍贯“四川仪陇人”，将“是一个忠实为人民利益服务的共产党员”改为“是一个忠实为人民服务的共产党员”。在司马迁的注释中，将“公元前二世纪人，中国著名的文学家和历史家”改为“西汉文学家和历史学家”。在李鼎铭的注释中，新添了他的生卒年份“1881—1947”，籍贯“陕西米脂人”；并且对他提出的“精兵简政”意见的时机进行了考察，“他在一九四一年十一月陕甘宁边区第二届参议会上提出‘精兵简政’的提案，并在这次会议上当选为陕甘宁边区政府副主席”。

1991 年 6 月，中共中央文献编辑委员会编辑的《毛泽东选集》(第二版)，由人民出版社出版，在第三卷第 1004—1006 页收录了《为人民服务》一文。该版本对于司马迁的引语作了进一步的阐述，将原来的“此处引语见他的《报任少卿书》”改为“此处引语见《汉书·司马迁传》中的《报任少卿书》，原文是：‘人固有一死，死有重于泰山，或轻于鸿毛’”，考证更加完备和准确。在人口数量的注释中，将“各解放区”改为“抗日根据地”，表述更加符合历史事实。此后出版的《为人民服务》，均以 1991 年版为标准。

自中华人民共和国成立以来，该文以单行本形式的版本发行共有 40 余种，其中“汉文单行本 20 余种，少数民族文本 2 种，外文本 10 余种”[①]。此外，1965 年商务印书馆出版发行了《为人民服务》的汉英对照版。在外文版本中，主要是由外文出版社于 1965—1967 年期间出版的包括英文、德文、波斯文、乌尔都文、西班牙文等在内的各种外文版本。除此之外，海外一些国家也出版了《为人民服务》的单行本，主要有巴基斯坦卡拉奇人民出版社于 1967 年出版的乌尔都文版，尼泊尔进步文学社于 1967 年出版的尼泊尔文版。

① 蒋建农等:《毛泽东著作版本编年纪事》(上)，湖南人民出版社 2003 年版，第 353 页。

三、《愚公移山》的版本考据

《愚公移山》是毛泽东在中国共产党第七次全国代表大会上的闭幕词。在闭幕词中，毛泽东首先总结了中共七大所取得的成果，认为这是“一个胜利的大会，一个团结的大会”；继而以“愚公移山”的寓言故事为引喻，号召广大党员向愚公学习，坚持下去，不断工作，推翻压在中国人民头上的帝国主义和封建主义的两座大山；最后分析了当前世界存在的三大矛盾，阐述了中国共产党的政策主张，指明了中国共产党的奋斗目标，就是要带领中国人民取得完全的胜利。值得注意的是，毛泽东在中共七大所作的口头政治报告中，在谈到对国民党的政策时引用了“愚公移山”的故事，号召要抗争到底。1945 年 5 月 31 日，毛泽东在中共七大所作总结的结论中，结尾也谈到了愚公移山，号召广大党员学习愚公精神，把中国反革命的山挖掉。

1953 年 5 月，中共中央毛泽东选集出版委员会在编辑第一版《毛泽东选集》时，在第三卷第 1101—1104 页收录了这篇讲话稿，并将其命名为《愚公移山》。这是《愚公移山》的最初版本，其后出版的各种单行本或合订本均以此为标准。

1965年，为适应人民群众学习毛泽东思想的需求，毛泽东著作选读编辑委员会编辑的《毛泽东著作选读》（甲种本），在第241—244页收录了《愚公移山》。该版本主要从注释方面对1953年版本进行了调整和补充。首先，删去了“三个报告”的注释，即在中共七大上，毛泽东作的政治报告、朱德作的军事报告和刘少奇作的关于修改党章的报告。作出这种调整，主要考虑到甲种本的受众为一般干部，对于当时的党史还相对熟悉，没有注释说明的必要。其次，对“赫尔利”的注释进行了修改，将“他在一九四四年底任美国驻中国大使”改为“他在一九四四年底任美国驻国民党政府大使”。作出这种修改，主要是出于政治原因而作的调整。最后，对“旧世界有三个大矛盾”的注释进行了补充，详细注明了斯大林著作《论列宁主义基础》的创作时间“1924年4—5月”。

1981年6月，中国共产党第十一届六中全会通过了《关于建国以来党的若干历史问题的决议》（以下简称《决议》），《决议》对毛泽东的功绩和错误进行了实事求是的评价。在《决议》精神的指导下，为帮助广大人民群众完整准确地理解毛泽东思想，中共中央文献编辑委员会于1986年编辑出版了《毛泽东著作选读》，并在下册第596—599页收录了《愚公移山》一文，对题注和注释进行了改动。在题注中，1986年版去掉了“同志”一词，以此显示文本的传播范围更加广泛。在注释中，新增了“三个报告”的注释。另外，对“赫尔利”的注释也进行了修改，一是增加了生卒年份“1883—1963”；二是修改了身份标识，将“美国共和党的反动政客之一”改为“美国共和党人”，这一改动是中国共产党改变革命思维，寻求中美合作，为中国改革开放赢得宽松的国际环境的生动写照；三是对“旧世界有三个大矛盾”的注释进行了调整，去掉了写作日期，并补充了文章出处，出版社及出版日期和页码。

为适应新的时代发展要求，1991年，中共中央文献编辑委员会对《毛泽东选集》第一至四卷进行了修订。修订版的《毛泽东选集》第三卷第1101—1104页收录了《愚公移山》，文本基本上保留了1986年版原貌，只是对“赫尔利”的注释中，将其任命为美国驻中国大使的时间从“1944年11月”修订为“1944年11月底”。此后出版的各种版本的《愚公移山》均以此为蓝本。

自《愚公移山》问世以来，以单行本发行共40余种，其中“汉文版19种，少数民族文字版16种，外文版有外文出版社出版的10多种版本，还有商务印书馆出版的汉英对照本”[①]。此外，一些国家也出版了《愚公移山》的单行本，分别为巴基斯坦卡拉奇人民出版社于1967年出版的乌尔都文版和委内瑞拉《红旗》政治学习中心于1967年出版的西班牙文版。

以上是《纪念白求恩》《为人民服务》和《愚公移山》各自的版本流传情况和单行本发行情况。实际上，这三篇文章的合订本发行量更为庞大。据统计，仅在1966—1968年的三年间，“主席的‘老三篇’、‘老五篇’和《在中国共产党第七届中央委员会第二次全体会议上的报告》等著作汇编本、单行本近20亿册”[②]，可见其传播之广泛，影响之深远。合订本发行共计有80多个版本，20余种语言。除此之外，“老三篇”在海外传播也更为广泛。在日本，东京书店和大安书店于1967年出版日文版的《老三篇（〈为人民服务〉〈纪念白求恩〉〈愚公移山〉）》。在丹麦，丹麦未来出版社于1967年发行丹麦文版的《老三篇（〈为人民服务〉〈纪念白求恩〉〈愚公移山〉）》等。

① 施金炎主编：《毛泽东著作版本述录与考订》，海南国际新闻出版中心1995年版，第461页。

② 郑谦：《中华人民共和国史（1966—1976）》，人民出版社2010年版，第173页。

第三章

《纪念白求恩》的主要内容

《纪念白求恩》共分为四段，分别阐述了白求恩同志所具有的三种精神，即国际主义精神和共产主义精神、毫不利己专门利人的精神以及对技术精益求精的精神，其落脚点在于倡导广大党员学习白求恩同志的精神，做一个有利于人民的人。

一、国际主义精神和共产主义精神

在分析资本主义产生的历史过程中，马克思就指出，随着资本主义的发展，国内的市场已经远远不能满足资本增殖的需要。资本主义也只有不断地扩大交往范围，并使这种交往普遍化，资本才能够存活。为此，资本主义不断地开拓海外市场，“美洲的发现、绕过非洲的航行，给新兴的资产阶级开辟了新天地”①。随着市场的扩大，需求的增加，原初的工场手工业已经不能满足资本主义生产的需要，由此建立了机器化大工业的生产方式，并形成了世界市场。世界市场的形成，进一步推动了资本主义在全球范围内的扩张，资本主义由此开启了世界历史时代，“因为它使每个文明国家以及这些国家中的每一个人的需要的满足都依赖于整个世界，因为它消灭了各国以往自然形成的闭关自守的状态”②。资本主义在全球范围内的扩张也使得无产阶级运动更加具有全球性，无产阶级的彻底解放也

①《马克思恩格斯文集》(第2卷)，人民出版社2009年版，第32页。
②《马克思恩格斯文集》(第1卷)，人民出版社2009年版，第566页。

只有在世界范围内的完成才能实现，“无产阶级只有在世界历史意义上才能存在”[①]。在领导无产阶级运动的实践中，马克思恩格斯阐发了国际主义思想。

在马克思恩格斯看来，无产阶级的斗争从形式上说首先是在一国范围内进行的，他们认为，“每一个国家的无产阶级当然首先应该打倒本国的资产阶级”[②]。随着资本主义在世界范围内的扩张，无产阶级的斗争形式应该是联合起来，“联合的行动，至少是各文明国家的联合的行动，是无产阶级获得解放的首要条件之一”[③]。而无产阶级的革命行动要想取得最终的胜利，所依靠的就是“全世界无产者，联合起来”。正是从这种意义上说，马克思恩格斯提出了“工人没有祖国”的论断。因为，从本质上讲，随着资本主义在世界范围内的确立，所有的工人无论其种族、信仰、地域有何不同，但是他们所处的社会地位、所面临的经济利益、所面对的敌人都是共同的，即资产阶级。所以，他们必须联合起来、团结起来，共同斗争，只有解放全人类，才能最后解放自己。

除了在理论上的准备，马克思恩格斯在实践中积极探索国际主义的组织载体。1864 年，马克思指导建

①《马克思恩格斯文集》(第 1 卷)，人民出版社 2009 年版，第 539 页。
②《马克思恩格斯文集》(第 2 卷)，人民出版社 2009 年版，第 43 页。
③《马克思恩格斯文集》(第 2 卷)，人民出版社 2009 年版，第 50 页。

立了国际工人联合会，即第一国际，并起草了《国际工人协会成立宣言》和《国际工人协会共同章程》。第一国际成立后，为维护各国无产者的联合，保持这种联合的纯洁性和纪律性，马克思领导下的第一国际总委员会同各种机会主义流派进行了坚决的斗争，包括反对蒲鲁东主义的斗争、反对拉萨尔主义的斗争和反对巴枯宁主义的斗争。在巴黎公社失败后，第一国际的组织渐渐削弱，但马克思恩格斯仍强调各国工人有目的地联合。1876年，第一国际解散。伴随着工人运动的发展，欧美一些国家相继成立了社会主义政党，为加强各国工人政党的联合，晚年恩格斯主张成立一个国际组织。1889年7月14日，在巴黎召开的国际社会主义者代表大会，宣告了第二国际的成立。由于第二国际更加强调各国政党活动的自主性，组织性比较涣散，列宁对当时状况的描述可见一斑，“国际代表大会的决定在形式上对各国并没有约束力，但在道义上却意义重大，以至不遵守决定的情况实际上可以说是绝无仅有的，恐怕比各国党不遵守本党代表大会决定的情况还要罕见”①。组织的涣散使得各国工人各自为战，甚至部分沦为本国资产阶级的附庸，再加上第二

①《列宁全集》(第16卷)，人民出版社2017年版，第64—67页。

国际内部对于社会主义前途和命运理解的分化，第二国际解散。

随着资本主义由自由竞争阶段发展到垄断阶段，进入到帝国主义时代，帝国主义国家对于殖民地的争夺也更加激烈；与此同时，民族解放运动浪潮汹涌。在这种时代背景之下，列宁从无产阶级利益高于民族利益的理论基点出发，丰富了无产阶级国际主义精神的内涵。列宁认为，无产阶级的解放事业从根本上说是实现劳动者的根本利益，其最终目标是要实现全人类的解放，而从近期的民族独立运动过程中，无产阶级承认民族平等，主张一切民族有成立自己的民族国家的同等权利，主张“从工人的阶级斗争着眼来估计一切民族要求，一切民族的分离”①。列宁将帝国主义时代的民族划分为压迫民族和被压迫民族，并主张压迫民族的无产阶级与被压迫民族的无产阶级应该互相帮助，互相支持，只有这样才能建立起各民族间的无产阶级的信任和团结，进而建构了西方革命与东方的民族解放运动的帝国主义时代世界革命体系，“没有世界各国和各民族的无产阶级以至全体劳动群众自愿要求结盟和统一的愿望，战胜资本主义这一事业是不能顺

①《列宁选集》（第2卷），人民出版社2012年版，第385页。

利完成的”[1]。正是在这一思想的指导下，列宁于1919年创建了共产国际（即第三国际），加强了各国共产党的联合。鉴于第二国际的组织涣散，共产国际实行集中制的组织原则，提升了共产国际的纪律性和组织效力，但由于到后期直接受命于联共（布），实质上以苏联利益为中心，并把苏联革命和建设的经验普遍化教条化，影响了各国共产党的自主性和独立性。

在领导中国革命的历史进程中，毛泽东继承了马克思列宁主义的国际主义精神，强调共产党员是国际主义的马克思主义者，并且区分了国际主义和爱国主义之间的区别与联系，认为爱国主义应该具体地看待，放在一定的社会历史条件下进行考察。在抗日战争中，由于中国是被侵略国家，只有坚决抗战，争取战争的胜利，才能实现民族的独立，进而实现无产阶级的解放。只有中国取得了抗日战争的胜利，才能够帮助外国受压迫受剥削的人民。因此，他认为，“爱国主义就是国际主义在民族解放战争中的实施”[2]。毛泽东理解的国际主义精神，就是在全世界无产阶级联合下的互帮互助的精神。第二次世界大战爆发后，共产国际第七

①《列宁全集》(第39卷)，人民出版社2017年版，第169页。

②《毛泽东选集》(第2卷)，人民出版社1991年版，第521页。

次代表大会就作出指示，“共产党人必须联合殖民地和半殖民地被压迫的各国人民争取民族解放的斗争”①。白求恩就是在这一背景下来到中国的。到中国之后，白求恩全身心地投入到抗战医疗一线，以自己的方式为中国革命作出了贡献。而白求恩“把中国人民的解放事业当作他自己的事业”的精神，就是国际主义精神的生动体现。

如果说国际主义是无产阶级实现解放的基本策略的话，那么共产主义则是无产阶级解放的终极追求。共产党之所以被称为共产党，就是以实现共产主义为其最崇高的政治理想信念，为共产主义而奋斗是每个共产党员的价值选择。但又如习近平所言，“共产主义决不是‘土豆烧牛肉’那么简单，不可能唾手可得、一蹴而就，但我们不能因为实现共产主义理想是一个漫长的过程，就认为那是虚无缥缈的海市蜃楼，就不去做一个忠诚的共产党员”②。共产主义所追求的最终目标是实现每个人自由而全面的发展，然而实现共产主义并非一帆风顺，也不是一日之功。

马克思恩格斯首先从经济、政治和思想等三个方

---

① 王学东主编:《共产国际第七次代表大会文献》(2)，中央编译出版社2015年版，第642页。

②《习近平谈治国理政》(第2卷)，外文出版社2017年版，第142页。

面为我们勾勒了共产主义的美好蓝图。在经济上，马克思认为，未来共产主义社会是建立在生产力高度发达、物质财富极大丰富的基础之上的，集体财富的源泉充分涌流，从而实行“各尽所能，按需分配”。在此基础上，劳动分工也逐渐消失，脑力劳动和体力劳动的差别，工业和农业的差别，城市和乡村的差别业已消失，“劳动已经不仅仅是谋生的手段，而且本身成了生活的第一需要”[①]；与此相适应，私有制也将消除，正如《共产党宣言》中所言，“共产党人可以把自己的理论概括为一句话：消灭私有制”，而代之以生产资料的公有制，真正摆脱以物的依赖性为基础的人的独立性状态，而实现“建立在个人全面发展和他们共同的、社会生产能力成为从属于他们的社会财富这一基础上的自由个性”[②]。在政治上，随着经济的高度发展以及生产资料公有制的建立，阶级已经不复存在，而作为阶级统治工具的国家也开始消亡了，代之的是自由人的联合体作为社会的组织形式。随着人类社会不平等的经济根源消除，阶级的消亡，真正的平等成为共产主义社会的重要标志，每个人享有平等的发展权利，个

①《马克思恩格斯文集》(第3卷)，人民出版社2009年版，第435页。
②《马克思恩格斯文集》(第8卷)，人民出版社2009年版，第52页。

体之间真正平等的关系也已经建立起来了。在思想认识上，恩格斯指出，人们能够熟练地运用自然规律和社会发展规律，从而实现了由必然王国向自由王国的飞跃，真正成为自身的主人，即自由的人。由此，马克思恩格斯构筑了共产主义精神的基石，即建立在对现实深刻体认基础之上的，对于美好社会和人的自由全面发展崇高追求的精神。

列宁在领导苏俄革命和建设的过程中，对共产主义精神作了进一步阐发。一方面阐明了社会主义与共产主义之间的区别，认为社会主义是直接从资本主义生长出来的，而共产主义只有在社会主义充分发展之后才会到来。另一方面也指出，实现从资本主义到社会主义的过渡，需要经过长久的阵痛，更需要各国无产阶级的联系，“需要有全世界工人的合作，全世界的工人则应当联合自己的一切力量来保证彻底的胜利”①。白求恩不远万里来到中国，其目的就是挽救中国抗日受伤人员的生命，减少不必要的牺牲，以赢得最后的胜利，由此实现了无产阶级国际主义精神和共产主义精神的结合。

对于中国共产党而言，要实现共产主义的远大目

① 《列宁全集》（第 33 卷），人民出版社 2017 年版，第 282 页。

标，就必须实现民族的独立和解放，使中国人民摆脱帝国主义的殖民统治。然而实现民族的独立和解放需要和世界范围内的无产阶级联合起来，“解放我们的民族和人民，进而解放世界的民族和人民”。这就是国际主义精神，也是共产主义精神。也正是有了这种国际主义精神传承，使得中国共产党人能够从世界历史的大视角，观察和处理中国的革命和建设问题。

在领导中国的新民主主义革命过程中，毛泽东从世界革命发展大势出发，认为中国的新民主主义革命是“无产阶级社会主义的世界革命的一部分，现在则更成了这种世界革命的伟大的一部分，成了这种世界革命的伟大的同盟军”①，从而为中国革命争取外部支持提供了理论指导。在社会主义革命和建设时期也是如此。在科学地判断世界发展大势之后，他所提出的“三个世界”的理论都是基于国际主义思考的结果。这一优良的理论传统也为后来的中国共产党人所继承。在改革开放初期，邓小平提出“和平与发展是当今时代的两大主题”，认为谋和平促发展是世界发展大势，从而作出了改革开放的战略决策。随着中国特色社会主义进入新时代，习近平也紧紧围绕时代发展潮流，

①《毛泽东选集》（第2卷），人民出版社1991年版，第671—672页。

提出构建“人类命运共同体”，为全球治理提出了中国方案，丰富了中国特色社会主义的内涵；并且将中国特色社会主义置于整个国际共产主义运动的宏大历史视野中考察，推动了21世纪科学社会主义的发展。可以说，国际主义精神赋予了中国共产党宏大的理论视野，使得中国共产党能够把握世界发展大势，牢牢占据推动人类社会进步的地位。这种宏大的理论视野，是与无产阶级自身所处的历史地位、所肩负的历史使命紧密相关的。

二、毫不利己专门利人的精神

毫不利己专门利人的精神是由无产阶级的阶级特性所决定的。在马克思的论述中，资本主义产生的历史前提就是生产者与生产资料的分离，伴随着劳动者封建人身依附关系的解除，劳动者为了维系自己的生存，他没有别的商品可以出卖，自由得一无所有，没有任何实现自己的劳动力所必需的东西。这些除了劳动力之外一无所有的劳动者，就被称为“无产者”或者无产阶级。由生产领域所决定的无产阶级的本性，其在现实生活中所表现的就是追求绝大多数人的根本利益，从而在政治上的追求就是实现全人类的解放，正如《共产党宣言》序言中所言，“被剥削被压迫的阶级（无产阶级），如果不同时使整个社会一劳永逸地摆脱一切剥削、压迫以及阶级差别和阶级斗争，就不能使自己从进行剥削和统治的那个阶级（资产阶级）的奴役下解放出来”①，因此，无产阶级只有解放全人类，才能最后实现自己的解放。这就决定了无产阶级的本

①《马克思恩格斯文集》（第 2 卷），人民出版社 2009 年版，第 14 页。

性是最大公无私的，而作为无产阶级的先锋队——共产党，其必然就代表绝大多数人的利益，他们没有任何特殊的利益和原则，所追求的就是实现占社会大多数人的根本利益。这是马克思根据社会历史发展过程所展现出来的历史必然性，得出的关于无产阶级及其政党的根本属性，从理论上奠定了无产阶级政党的根本活动准则。

列宁在实践中进一步充实了无产阶级政党的活动准则，他指出，无产阶级政党活动的一切目标都是为了实现最广大人民群众的利益，实现共产主义。在实践中，列宁对于无产阶级政党中出现的官僚主义习气，脱离群众的作风进行了纠正，构建出无产阶级政党加强自身建设的一整套行为准则和制度规范。在他看来，无产阶级政党政治真正的立足点就是人民群众，就是绝大多数人，“数以千百万计的群众，——哪里有千百万人，哪里才是政治的起点；哪里有千百万人，而不是几千人，哪里才是真正的政治的起点”[①]。可以说，在列宁看来，只有真正立足于人民，为广大人民谋利益，无产阶级政党才能获得革命的胜利，无产阶级才能获得最终的解放，这在实践中进一步指明了为

①《列宁选集》(第3卷)，人民出版社2012年版，第446页。

绝大多数人谋利益的极端重要性。

中国共产党是以马克思列宁主义为指导的无产阶级政党，其内在的理论特质必然秉持着为他人谋利益的理念。不仅如此，中国共产党又是在中华民族传统文化的滋养下成长起来的政党，中国优秀传统文化中宣扬的“大道之行也，天下为公”“见利思义，见得思义”等群体主义的人格观是对于革命整体利益至上的生动注脚。马克思列宁主义关于无产阶级特性的理论分析，无产阶级政党的建党理论与中国传统文化中所宣扬的集体主义精神，为毛泽东确立无产阶级的集体主义导向提供了丰富的思想源泉，“共产党员无论何时何地都不应以个人利益放在第一位，而应以个人利益服从于民族的和人民群众的利益。因此，自私自利，消极怠工，贪污腐化，风头主义等等，是最可鄙的；而大公无私，积极努力，克己奉公，埋头苦干的精神，才是可尊敬的”①，这是对于中国共产党集体主义精神表述的生动写照。在《纪念白求恩》中，毛泽东将这一精神阐明为“毫不利己专门利人”的精神，这是白求恩在实际行动中所彰显出来的，也是对于每个共产党员的精神要求。

①《毛泽东选集》(第2卷)，人民出版社1991年版，第522页。

在晋察冀边区，白求恩的工作最为繁重，平均每天做十台手术，而且还给新组织的几个医疗队准备药品器械，还承担着新医生的培训工作，并编写了针对中国特殊需要的医学教科书。在组建医疗队赴五台山的过程中，白求恩始终强调一个口号，“医生们，到伤员那儿去，不要等他们来找你们”。在五台山区，医疗队每到一个村子，就立刻布置好简易的手术室，给外科伤员做手术。然后白求恩就带着他的助手们去看分散在老百姓中的伤员。这项工作结束之后，白求恩会把村民召集起来，给儿童和老年人检查身体，给生着病的老百姓诊治，并且巡视当地的卫生工作。在一次非常激烈的战斗中，伤亡很惨重，从前线下来的伤员一批又一批地被送过来，但是在第一批伤员下来的时候，白求恩看到这些伤员没有被包扎好、照顾好，就勃然大怒，对担架员说：“难道你们以为你们的任务就只是把这些伤员抬了下来，好像他们是行李似的吗？你们是医务工作人员，不是骡子！”[①] 也正是对待工作的极端负责任，对同志对人民的极端热忱，白求恩及其医疗队每到一处都受到当地群众的热烈欢迎；每到一个村子里都会有简单的欢迎仪式和讲话，虽然生活条件很艰苦，但是老百

① [加] 泰德·阿兰、塞德奈·戈登著，巫宁坤译：《手术刀就是武器——白求恩传》，上海文艺出版社 2005 年版，第 302 页。

姓殷勤的招待让白求恩很是感动。

白求恩不仅对群众充满着感情，对于自己的同志特别是战士也是饱含着深情。食物匮乏是根据地的常态。在杨家庄巡诊的时候，当地的一日三餐就是白菜、萝卜以及贮藏在地窖里的根茎类蔬菜，小米粥和馒头。猪肉和鸡肉是难得的奢侈品，只有在新年或婚宴上才能品尝到。八路军领导设法给白求恩提供一些有营养的食物，以改善他的生活。但是白求恩始终坚持与普通战士吃一样的伙食。在一次巡诊过程中，部队的厨师长考虑到白求恩的健康，给他熬了一锅鸡汤。但是白求恩只喝了一碗，剩下的都给伤员了。虽然语言不通，但是白求恩的行为深深为伤员们所感动。

在对白求恩这种毫不利己专门利人的精神进行赞赏的同时，毛泽东对于在现实生活中存在的只顾自己、不顾他人的行为进行了批评，认为“这种人其实不是共产党员，至少不能算一个纯粹的共产党员”[①]。应该说，毛泽东对于共产党员的考察始终坚持的是一种社会历史的分析方法，这也是马克思主义的基本分析方法。在马克思看来，“人的本质不是单个人所固有的抽象物，在其现实性上，它是一切社会关系的总和”，因

①《毛泽东选集》(第2卷)，人民出版社1991年版，第660页。

此考察人的特性首先应该置于一定的社会环境之下，也必然会遇到个人利益与集体利益的冲突问题。毛泽东的处理办法就是革命利益高于一切，党员的个人利益应该服从革命利益，服从广大人民的根本利益，这就从根本上超越了中国传统文化中的“义利之辨”，实现了马克思主义的义利观与中国传统文化的结合，是马克思主义中国化的生动呈现。

如果说毛泽东在《纪念白求恩》中所树立的共产党员的理想标准，即纯粹的共产党员的标准；那么在现实党的建设中，特别是党的十八大以来，习近平强调更多的是共产党员的基本标准，即“合格的共产党员”的标准。在他看来，合格的共产党员的标准首先在思想意识上应该具有共产主义的远大理想，在现实行动中应该以党章为自己的行为标准。共产党员作为一个特殊的社会群体，他们的行动都应该代表着共产党这一特殊社会组织，都体现出共产党所特有的价值尺度。

三、对技术精益求精的职业精神

科学技术作为生产力的重要体现，是推动人类社会不断向前发展的重要方面。科学技术的发展就其本质层面来说是用来节省人类的劳动时间，以促进人的自由发展，其本身没有原罪之说，只是这种技术与一定的社会关系相结合之后便成为奴役人、压迫人的生产工具。马克思在深刻剖析机器化大工业时期资本主义社会内在运行的状况时，认为因机器生产的普及所产生的社会矛盾和动荡，并不是由其所带来的，而是由于机器的资本主义运动所带来的，“因为机器就其本身来说缩短劳动时间，而它的资本主义应用延长工作日；因为机器本身减轻劳动，而它的资本主义应用提高劳动强度；因为机器本身是人对自然力的胜利，而它的资本主义应用使人受自然力奴役；因为机器本身增加生产者的财富，而它的资本主义应用使生产者变成需要救济的贫民”[①]。这样一来，科技的资本主义应用，使其成为与劳动相对立的一种异化的力量，它一

①《马克思恩格斯文集》(第5卷)，人民出版社2009年版，第508页。

方面表现为作为靠经验传下来的知识、观察和职业秘方的集中，运用到生产领域，促进生产力发展，大大节约了生产时间，创造出可以自由支配的时间；而另一方面科技则表现为作为服务于资本的独立力量，成为资本的附庸而不断地剥削劳动，占有劳动，从而把这些可以自由支配的时间变为剩余劳动。

科技的异化表现，是资本内部对立关系所决定的。科技成为资本的附庸，使资本有了一种强制的扩张能力，它表现为如果企业不想被淘汰，就必须不断革新生产技术。在这种强制进步的推动下，科技资本化了，从普遍的生产资料沦为固定资本。科技资本化的过程中，科技的发展压制了人的主体作用，遮蔽了人的主体地位，而逐步演变成科技理性所操控社会的新型控制形式。这种社会控制形式，是伴随着科技的发展，使无产阶级的劳动强度降低，并分化成白领等非生产性工人，而使无产阶级丧失革命性和否定性的形式。在这种形式控制之下，技术的进步渗透到人们生活的各方面，使人安享其中，而丧失了否定性和批判的能力，成为“单向度的人”。只有将科技从资本的奴役中解放出来，才能真正缩短劳动时间，延长人的自由发展的时间。社会主义的创新驱动发展战略，也正是从调整时间结构上，推动了人的自由全面的发展。将技术的发展与一定的社会关系区别开来是马克思技术观的重要特点。

实际上，在对待技术的态度上，白求恩也秉持着这一看法，他在八路军第一个模范医院成立的开幕式上的讲话中认为，“运用技术，培养领导人才，是达到胜利的道路。日本用不到五十年的工夫，从一个第十等的落后国家变成了一个世界强国，其中一部分的原因就是由于它采用了西方的技术。技术掌握在日本金融资本的独裁者手里，结果使日本成为全世界的公敌。技术掌握在中国劳动人民的手里，一定会使中国成为一个促进世界和平的强国”①。因此，对于白求恩而言，不断寻求医疗技术的进步，其根本立足点在于技术为人民服务，以缓解和消除人民的生理痛苦。

在寻求自身技术提升的同时，白求恩也非常注重对医疗人员的培训工作。在深入了解八路军医院的情况之后，白求恩向卫生部列出了八路军医院存在的弊端：

（1）某些医生没有责任心；缺乏明确的工作计划；惰性严重，绝大部分无法胜任工作；指导能力差，对于护士和护理员等下属无法进行监督。

① ［加］泰德·阿兰、塞德奈·戈登著，巫宁坤译：《手术刀就是武器——白求恩传》，上海文艺出版社 2005 年版，第 264 页。

（2）护士的护理水平差。

（3）药品严重浪费。

（4）包扎材料消毒不合格。

（5）对病人照顾不够细心周到。

（6）病人的死亡率太高。

（7）病人入院时间太久。

（8）对关节问题的忽视导致了许多病人终身残废。

（9）因为对护士的不满而造成很多病人放弃治疗。

（10）护理员、护士和其他工作人员受教育水平低。[①]

白求恩的清单为卫生部的领导所接受，并支持其开展医务人员的培训工作。但在战时条件下，难以开展正规的培训工作。白求恩首先将目标锁定在培养大批适应游击战争的医生和护士上，为此他制定了一份详细的教学大纲，并计划建立一个附属医院以丰富学员的实战经验。除此之外，白求恩还撰写了医学教科书，对于推动医疗技术的普及起了极大的作用。在白求恩逝世后，《新华日报》对他的事迹进行了集中的报道，对他推动根据地医疗事业的发展给予了高度的肯定，“他写了三本关于战时救治的著作，他设计流动手

①［加］罗德里克·斯图尔特、莎朗·斯图尔特著，柳青译：《不死鸟：诺尔曼·白求恩的一生》，中国青年出版社 2013 年版，第 341 页。

术治疗队的组织，这种治疗队要紧靠火线，以便腹部胸部和脑部中伤能够在几个钟头之内施行手术。这样的设计，世界上他算是第一个人。他组织了一个模范实习医院，主持了第一个医务训练班”[①]。坚持技术为人民服务的导向，是白求恩精益求精的职业精神的根本立足点，这也是其毫不利己专门利人精神的具体体现。

实际上，也只有将技术的发展真正应用于减少人类劳动时间，而不是用技术来谋求高额的利润，才能恢复技术的本真意义。在社会主义国家中，伴随着生产资料公有制的建立，已经从根本上消除了剥削的根源。因此，此时进行的技术革命才是本源意义上推动社会生产力发展的积极举措。正如毛泽东所言，“只有完成了由生产资料的私人所有制到社会主义所有制的过渡，才利于社会生产力的迅速向前发展，才利于在技术上起一个革命”[②]。不仅如此，对待技术的精益求精的精神也是无产阶级事业观的集中体现。

以什么样的态度对待事业是无产阶级政党领导革命建设成功与否的关键之处。为了分析现代资本主义社会的内在运行结构及其发展趋向，马克思二十年如一日，

① 李发才：《纪念诺尔曼·白求恩博士》，《新华日报》1940 年 1 月 7 日第 4 版。

②《毛泽东文集》(第 6 卷)，人民出版社 1999 年版，第 316 页。

每天到大英博物馆查阅资料，阅读2000余册经济学著作，收集了4000余种报纸杂志，并查阅了大量英国官方文件，做了200余本笔记、札记和摘录，完成了《资本论》这一鸿篇巨制。为了研究当代资本主义发展的新变化，列宁阅读了140多本著作、280多篇相关论文和统计材料，做了20余本关于帝国主义问题的研读笔记，写就了《帝国主义是资本主义的最高阶段》一书，揭示了资本主义的新发展。为了研究中国近代社会的特点，毛泽东积极参与社会调查研究，先后写下了《中国佃农生活举例》《寻乌调查》《兴国调查》《东塘等处调查》《木口村调查》《长冈乡调查》《才溪乡调查》等调查报告，为探索中国特色的革命道路提供了丰富的经验支撑。这些都是对于无产阶级事业的科学方法和专业态度以及敬业精神。敬业首先表现为一种对待事业的敬畏态度和专业精神，其深层含义还在于要有全身心投入的专注精神和精益求精的品质。白求恩的言行完美地诠释了无产阶级的敬业品质，所以毛泽东才说，“这对于一班见异思迁的人，对于一班鄙薄技术工作以为不足道、以为无出路的人，也是一个极好的教训”[①]。

①《毛泽东选集》(第2卷)，人民出版社1991年版，第660页。

四、做一个大有利于人民的人

做一个“大有利于人民的人”是《纪念白求恩》的根本落脚点。做什么人，为谁成人？是《纪念白求恩》所阐述的主要问题。其关键之处在于解决立场问题，是做一个大公无私、对人民极端热忱的人，还是做一个自私自利的人？这是一个根本的立场问题。对于中国共产党党员而言，只有秉持白求恩式的毫无自私自利的精神，才可能变成有利于人民的人，这是马克思主义立场的生动体现，也是中国共产党所特有的文化基因。这一方面是由中国共产党以马克思主义为指导思想所决定的，另一方面也是由于中国传统文化中的优良基因所渲染的，可以说是由马克思主义与中国传统文化交互作用的结果。

马克思主义从诞生之初就奠定了为了大多数人的利益的立场。马克思从中学时代就树立了“为了人类的福利而劳动”的远大理想；到《莱茵报》时期面对物质利益难题时，选择了维护“贫苦阶级”的利益；到中年时期，确立了“为了绝大多数的利益”的无产阶级原则和政党活动准则；到晚年时期，为人类的解放的道路进行了理论和实践探索。在这一立场的指引下，马克思和恩格斯以现实的“人”为逻辑起点和理论关照，将社会发展的实践主体落脚在人民群众的基点之上。在他们看来，“历史活动是群众的活动，随着历史活动的深入，必将是群众队伍的扩大”[①]，这在人类历史上。第一次将人民这个占有社会发展的绝大多数人置于崇高的地位，由此确立了人民群众是历史的创造者、是人类社会发展的根本动力的群众史观。这种史观一经确立，就得到了19世纪劳动者阶级的理论认同，并在领导无产阶级的革命实践中进一步彰显。人民立场的确立一方面是由马克思主义经典作家的理想情怀所决定的，另一方面也是马克思主义的理论本质所决定的。在领导中国新民主主义革命的历史进程中，毛泽东也是一再反复强调站稳人民立场，关心人民群众的生活，并对此作了极为经典的表述，“人民，只有人民，才是创造世界历史的动力”[②]。也正是这一立场的牢固确立，中国共产党才能够始终得到群众的拥护，取得了革命的胜利。

关于中华民族的发展史，在历代思想家、政治家的

① 《马克思恩格斯文集》(第1卷)，人民出版社2009年版，第287页。
② 《毛泽东选集》(第3卷)，人民出版社1991年版，第1031页。

论述中，民本思想一直是他们关注的焦点，这在世界历史上都是极为罕见的。没有哪一个国家的古代思想家能够像中国古人那样在民本问题上论述得那么多，阐述得那样富于人情味和哲理气息。在殷商之际，《尚书·盘庚》就有“重我民，无尽刘”的思想。及至周公，以殷为鉴，提出“敬天保民”的主张，认为要“知稼穑之艰难”“知小民之依”。到了春秋战国时期，孟子提出了以“民贵君轻”为核心的民本主张，认为“民为贵，社稷次之，君为轻”。荀子在此基础上进一步阐发了民本思想，提出“君者，舟也；庶人者，水也。水则载舟，水则覆舟”的“君舟民水”论，和“下贫则上贫，下富则上富”的“富国富民”观。这些民本思想由于历史和阶级的局限性，以畏民为出发点，以防覆舟为落脚点，使统治者在社会政治生活中对自身行为加以约束，从而实现君民之间一种相对的平衡，以此为君的统治服务。但尽管如此，民本思想对于中国共产党的人民立场的形成仍然有着相当的启迪和借鉴作用。

基于此，只有坚定地站在人民的立场上，在理想信念方面具有国际主义情怀和共产主义理想，在对待他人方面具有毫不利己专门利人的精神，在对待工作方面具有精益求精的专业态度，“就是一个高尚的人，一个纯粹的人，一个有道德的人，一个脱离了低级趣味的人，一个有益于人民的人”[1]。

所谓“高尚的人”，在《纪念白求恩》的文本语境下，就是共产党员要学习白求恩的共产主义精神，对于当代而言就是要牢固树立共产主义的远大理想。实现共产主义始终是中国共产党的不懈追求，也正是有了对于人类美好生活的向往，中国共产党才能够凝聚共识，汇聚力量向前奋进。可以说，共产主义的远大理想是中国共产党的理论基石和远景目标，如果丢弃了就不能称其为共产党。在领导中国革命和建设的过程中，毛泽东始终强调我们的前途就是共产主义，“中国革命的终极的前途，不是资本主义的，而是社会主义和共产主义的”[2]。对于共产主义的终极追求，始终是中国共产党人最崇高的理想。因此，习近平认为缺少了共产主义的远大理想，精神上就会“缺钙”，就会得“软骨病”，为此他多次强调理想信念的极端重要性，“革命理想高于天。没有一大批具有坚定共产主义理想的中华儿女，就没有中国共产党，也就没有新中国，更没有今天我国的发展进步”[3]。只有具有坚定的共产主义远大理想，才能成为一个坚定的共产党员，才能是一个“高尚的人”。

---

①《毛泽东选集》（第 2 卷），人民出版社 1991 年版，第 660 页。
②《毛泽东选集》（第 2 卷），人民出版社 1991 年版，第 650 页。
③《习近平谈治国理政》（第 2 卷），外文出版社 2017 年版，第 4 页。

所谓“纯粹的人”，就是要求共产党员要有一颗“毫不利己专门利人”的纯粹精神。“纯粹”一词，语出《易·乾》，“大哉乾乎，刚健中正，纯粹精也”，顾名思义就是不掺杂任何其他成分的物质，真正体现出事物的本质。对于中国共产党党员，要做一个纯粹的人，就是要学习白求恩“毫不利己专门利人”的大公无私的精神，秉心向公才能纯正。进入21世纪，随着经济市场化的发展，社会价值取向的多元化日趋明显，这种多元化也渗透到党内，有些人就认为党员的合法利益也应该承认，因此就不存在“大公无私”的命题，但这实际上混淆了个人利益同私心、私利和私欲的概念。“大公无私”并不要求舍弃个人合理合法的利益，而是要求摒弃私欲、私利，不以权谋私，公私分明。习近平将公私问题上升到党性高度，指出“衡量党性强弱的根本尺子是公、私二字”，作为共产党员就应该“大公无私、公私分明、先公后私、公而忘私”[①]。只有时时一心为公、事事出于公心，才能光明正大、堂堂正正，做一个纯粹的人。

所谓“有道德的人”，就是要求共产党员加强自身

①《习近平关于全面从严治党论述摘编》，中央文献出版社2016年版，第155页。

修养，坚持以德修身。在毛泽东看来，道德是社会的产物，是人们在长期的社会交往过程中形成的基本准则和规范，是一定经济生活和社会生活的反映，因而具有一定的阶级性，不同的阶级具有不同的道德观。在《纪念白求恩》中所提倡的无产阶级道德就是大公无私、乐于奉献、精益求精，并将此作为共产党员修养的重要方面。中华人民共和国成立之初，毛泽东在《中国人民政治协商会议共同纲领》中将“爱祖国、爱人民、爱劳动、爱科学、爱护公共财物（后改为‘爱社会主义’——作者注）”描述为社会主义道德，作为公民道德修养的主要内容。进入新时代，习近平也是高度强调道德的重要作用，认为道德于个人于社会都是具有基础性意义的，并指出“一个人只有明大德、守公德、严私德，其才方能用得其所”[①]，并认为广大党员干部更要加强道德修养，坚持以德修身，才能以德立威、以德服众，进而成为一个有道德的人。

所谓“脱离低级趣味的人”，就是要求共产党员要热衷于自己的事业，以精益求精的态度对待自己的事业。中国共产党来自劳动人民，其本身就是劳动人民的一部分，因此在实践中也必然要求党员作为普通的

①《习近平谈治国理政》（第 1 卷），外文出版社 2018 年版，第 173 页。

劳动者建设中国社会。而对于那些靠做大官吃饭、靠资格吃饭的现象，毛泽东称之为“官气”，并指出“官气是一种低级趣味，摆架子、摆资格、不平等待人、看不起人，这是最低级的趣味”①，而摆脱官气，以普通劳动者的姿态出现，则是一种高级趣味。这就要求无论是领导干部还是普通党员，都要以普通劳动者的身份不断地提升自己的专业素养，特别是对于领导干部而言更应该如此，正如习近平所要求的，“各级领导干部要加快知识更新、加强实践锻炼，使专业素养和工作能力跟上时代节拍，避免少知而迷、无知而乱，努力成为做好工作的行家里手”②。进入新时代，经济社会的发展面临的困难和挑战愈益增多，更需要广大党员干部不断增强学习本领，提升理论水平，培养专业能力和专业精神，以精益求精的态度对待新时代中国特色社会主义事业。

也只有做到以上四点，才能够成为“一个有益于人民的人”，一个真正的共产党员。由此可见，《纪念白求恩》所阐述的这些观点并没有过时，仍然值得每一个公民特别是共产党员深思和学习。

①《毛泽东文集》(第7卷)，人民出版社1999年版，第378页。
②《习近平谈治国理政》(第2卷)，外文出版社2017年版，第45页。

第四章

《为人民服务》的主要内容

《为人民服务》是毛泽东在中央警备团追悼张思德的会上的讲演，共有四个方面的主要内容，集中体现为：“为人民服务”的宗旨观，“为人民利益而死”的生死观，“为人民的利益改正错的”是非观，“五湖四海”的人才观。

一、“为人民服务”的宗旨观

全心全意为人民服务是中国共产党的根本宗旨，中国共产党自成立之日起，就确立了为人民服务的初心，这是中国共产党区别于其他任何政党的一个重要标志。

1848 年《共产党宣言》的发表，标志着马克思主义的诞生。马克思恩格斯指出，“无产阶级的运动是绝大多数人的，为绝大多数人谋利益的独立的运动”[①]，这就奠定了无产阶级政党活动的基本价值取向。1871 年，马克思在《法兰西内战》中总结巴黎公社的基本经验的时候强调，巴黎公社作为无产阶级政权的组织形式，必须坚持服务人民的导向。他指出，巴黎公社的建立打碎了旧的国家机器，赋予广大人民以普选权，但是“普选权不是为了每三年或六年决定一次由统治阶级中什么人在议会里当人民的假代表，而是为了服务于组织在公社里的人民”[②]。

①《马克思恩格斯文集》(第 2 卷)，人民出版社 2009 年版，第 42 页。

②《马克思恩格斯文集》(第 3 卷)，人民出版社 2009 年版，第 156 页。

列宁在领导俄国革命和建设的历程中，特别是在领导无产阶级政党建设的过程中，特别强调政党的活动应该以广大劳动者的利益为中心。在 1905 年的《党的组织和党的出版物》中，列宁就认为无产阶级政党的文学和艺术作品应该直接反映广大的一贫如洗的劳动者的生活，无产阶级政党的写作也应该是对劳动人民的同情，而“不是为饱食终日的贵妇人服务，不是为百无聊赖、胖得发愁的‘一万个上层分子’服务，而是为千千万万劳动人民，为这些国家的精华、国家的力量、国家的未来服务”①。列宁在这里直接阐发了文艺为人民服务的思想。十月革命前夕，列宁进一步强调了无产阶级的先锋队性质，认为“无产阶级，只有无产阶级，才能保证为大多数人的利益服务，即为受战争和资本压迫但有能力战胜战争和资本的被剥削劳动者的利益服务”②，进而指出无产阶级只有赢得人民的支持才能取得革命的胜利，除此之外，别无他途。十月革命后，列宁领导下的布尔什维克建立了工农苏维埃新型的国家政权。列宁指出，工农苏维埃是无产阶级专政的一种形式，也是民主的新型形式，因为在苏维埃政权之下，“民主第一次为群众

①《列宁选集》(第 1 卷)，人民出版社 2012 年版，第 666 页。
②《列宁全集》(第 30 卷)，人民出版社 2017 年版，第 335 页。

为劳动者服务，不再是富人的民主”[①]。应该说，在马克思主义经典作家那里，虽然提法不同，但是却包含了“为人民服务”的基本旨趣。

为人民服务是中国共产党人的根本价值追求，也是马克思主义群众观中国化的具体体现。1942年5月，毛泽东在《在延安文艺座谈会上的讲话》一文中首次阐明了文艺为人民服务的思想，他指出，“对于过去时代的文艺形式，我们也并不拒绝利用，但这些旧形式到了我们手里，给了改造，加进了新内容，也就变成革命的为人民服务的东西了”[②]。在《为人民服务》的讲演中，毛泽东阐述了为人民服务的思想，升华了为人民服务的价值观。

1945年，在《论联合政府》中，毛泽东进一步提出了“全心全意地为人民服务”的观点，指出“全心全意地为人民服务，一刻也不脱离群众；一切从人民的利益出发，而不是从个人或小集团的利益出发；向人民负责和向党的领导机关负责的一致性；这些就是我们的出发点”[③]，并确立了人民军队的宗旨就是全心全意为人民服务。在党的七大通过的党章中，正式确立了“全心全意为人民服务”的宗旨，指出“中国共产

①《列宁选集》(第3卷)，人民出版社2012年版，第568页。

②《毛泽东选集》(第3卷)，人民出版社1991年版，第855页。

③《毛泽东选集》(第3卷)，人民出版社1991年版，第1094—1095页。

党人必须具有全心全意为中国人民服务的精神，必须与工人群众、农民群众及其他革命人民建立广泛的联系，并经常注意巩固与扩大这种联系”[①]。

在《为人民服务》中，毛泽东开宗明义地点明了中国共产党的宗旨观，“我们这个队伍完全是为着解放人民的，是彻底地为人民的利益工作的”[②]。毛泽东的提法与当时党群关系的紧张是密切相关的。由于国民党对边区的经济封锁和当时的自然灾害，边区政府对边区群众的征粮指标越提越高，群众对于党政的不满情绪开始显现，再加上边区政府工作人员的工作方法粗暴低下，侵犯了群众的利益，加剧了党群关系的紧张局面。1943 年 11 月 29 日，毛泽东在中共中央招待陕甘宁边区劳动英雄大会上发表《组织起来》的讲话中就谈到了边区地方工作中的官僚主义倾向。他指出，“如果我们做地方工作的同志脱离了群众，不了解群众的情绪，不能够帮助群众组织生产，改善生活，只知道向他们要救国公粮，而不知道首先用百分之九十的精力去帮助群众解决他们‘救民私粮’的问题”[③]，就

① 《建党以来重要文献选编（1921—1949）》（第 22 册），中央文献出版社 2011 年版，第 535 页。

② 《毛泽东选集》（第 3 卷），人民出版社 1991 年版，第 1004 页。

③ 《毛泽东选集》（第 3 卷），人民出版社 1991 年版，第 933 页。

是沾染了官僚主义的灰尘，就需要洗洗脸，通过批评与自我批评才能够除尽。践行为人民服务的宗旨，首先需要做的就是切切实实地保护好实现好群众的利益，并将此作为密切党群关系的重要切入点。对群众利益的某种损坏，就会影响到党群关系的稳固。党群关系在局部的紧张很容易对于中国共产党的形象建设造成冲击，破坏党的声誉，进而影响到党的革命基础，其造成的后果是严重的。正因为如此，对于“人民利益”的重新强调，有助于深化对于党的宗旨的认识。

进入新时代，特别是改革开放40多年的发展，随着社会生产力的极大发展，人民的物质利益在一定程度上也得到了极大的满足，如何更好地实现人民群众的各方面利益，也开始成为中国共产党思考的现实问题。党的十八大以来，习近平提出以人民为中心的思想，这是“为人民服务”思想的继承和升华。在党的十九大报告中将我国社会的主要矛盾调整为“人民日益增长的美好生活需要和不平衡不充分的发展之间的矛盾”①，这表明中国共产党更加注重人民利益的多元化和多样化，切切实实地更好地满足人民的各方面利益

① 习近平：《决胜全面建成小康社会　夺取新时代中国特色社会主义伟大胜利——在中国共产党第十九次全国代表大会上的报告》，人民出版社2017年版，第11页。

需求。这与《为人民服务》中提倡的基本宗旨是一以贯之的，正如习近平所言，“党的一切工作，必须以最广大人民根本利益为最高标准”[①]，并提出“中国梦”这一理念，无疑是在社会变革的时代，获取执政合法性资源积极有益的探索，从政党自身的角度看，就是致力于巩固党的执政基础，扩大党的活动空间，提高党的执政能力，就是要把人民对于美好生活的向往作为执政的目标。

①《习近平谈治国理政》（第1卷），外文出版社2018年版，第28页。

二、“为人民利益而死”的生死观

对于生死问题的追问，是哲学思考的根本问题。人首先作为一种自然物，其生死问题乃是一种自然法则，青年毛泽东在阅读泡尔生的《伦理学原理》时所做的批注中就认为，“人类者，自然物之一也，受自然法则之支配，有生必有死，即自然物有成必有毁之法则”①。然而人又是生活在社会之中，生死对于人而言更具社会意义。对死亡问题不同的终极追问，形成了不同的生死观。而毛泽东“为人民利益而死”的生死观的提出，则是综合了马克思主义与中国传统文化的新创造。

马克思首先从道义伦理的角度探讨了人的生死。在青年时期，马克思就曾指出，“如果我们选择了最能为人类而工作的职业，那么，重担就不能把我们压倒，因为这是为大家作出的牺牲；那时我们所享受的就不是可怜的、有限的、自私的乐趣，我们的幸福将属于千百万人，我们的事业将悄然无声地存在下去，但是它会永

①《毛泽东早期文稿》，湖南出版社 1995 年版，第 194 页。

远发挥作用，而面对我们的骨灰，高尚的人们将洒下热泪”[①]。站在解放全人类的高度思考生死问题，为共产主义奋斗终生，为解放全人类随时准备牺牲，便成为马克思主义生死观独特的理论质点。

马克思主义的生死观还具有理性思维。唯物主义辩证法是马克思主义理解和把握世界的认识工具。在马克思看来，“辩证法在对现存事物的肯定的理解中同时包含对现存事物的否定的理解，即对现存事物的必然灭亡的理解”[②]，事物的发展必然存在着生与死两个方面，没有旧事物的灭亡，就没有新事物的产生，“死亡本身已预先包含在生物中”[③]。恩格斯在此基础上作了进一步阐述，他指出，“生命总是和它的必然结局，即总是以萌芽状态存在于生命之中的死亡联系起来加以考虑的。辩证的生命观无非就是如此”[④]，只要以辩证思维看待生与死，就能够破除宗教中的生死迷信，“生就意味着死”[⑤]。毛泽东继承了马克思主义的辩证生死观，在《矛盾论》中指出生与死是辩证统一的，“没有生，死

①《马克思恩格斯全集》(第1卷)，人民出版社1995年版，第459—460页。
②《马克思恩格斯文集》(第5卷)，人民出版社2009年版，第22页。
③《马克思恩格斯全集》(第1卷)，人民出版社1995年版，第16页。
④《马克思恩格斯文集》(第9卷)，人民出版社2009年版，第546页。
⑤《马克思恩格斯文集》(第9卷)，人民出版社2009年版，第546页。

就不见；没有死，生也不见”[①]。中华人民共和国成立后，毛泽东更是指出，“生与死也是相互转化的，生物转化为死物，死物转化为生物。我主张五十岁以上的人死了以后开庆祝会，因为人是非死不可的，没有死就没有生，这是自然规律”[②]。1964 年 8 月 18 日，毛泽东发表的《关于哲学问题的讲话》谈道，“没有死，那还了得？如果现在还能见到孔夫子，世界上人挤都挤不开了。赞成庄子的办法，死了人，鼓盆而歌。开庆祝会，庆祝辩证法的胜利，庆祝旧事物的消灭”[③]。

马克思主义的生死观还具有现实关怀的特点。在马克思主义看来，社会性是人的本质属性，社会的实践活动构成了人的生命本质形式，从而将人与动物区别开来。通过有意识的实践活动，人类获取了生存和发展所必要的生产资料和生活资料，扩大了社会交往，从而产生了自己的社会关系网络，使得自己的生命形式更加饱满。在《德意志意识形态》中，马克思恩格斯进一步指出，在生产资料公有制的未来社会，个人的实践活动能够实现个体性与社会性的完美统一：一方面，个人通过劳动实践能够完美地展现出个人的力

① 《毛泽东选集》（第 1 卷），人民出版社 1991 年版，第 328 页。
② 《毛泽东文集》（第 7 卷），人民出版社 1999 年版，第 374 页。
③ 龚育之：《我观党史》（二集），人民出版社 2014 年版，第 241 页。

量、意志和道德情操，呈现了人的本质力量；另一方面，个人的劳动实践成果能够满足社会的物质和精神生活的需要，又具有一定的社会价值。因此，“在无产者的占有制下，许多生产工具必定归属于每一个个人，而财产则归属于全体个人”①，从而实现个人价值与社会价值的统一。在无产阶级的运动中，由于其所争取的是所有人的利益，因此能够实现个人与集体的统一，在无产阶级政党执政的国家政权中，其目标指向就是“为了人民的利益”，从而能够实现社会的整合。这是毛泽东“为人民利益而死”的生死观的理论根基。

毛泽东还继承了中国传统文化中生死观的积极因素。儒家对于生死也是采取辩证统一的看法，一方面强调“生”的现实意义，如孔子所说的：“未知生，焉知死？”“敬鬼神而远之，可谓知矣”“未能事人，焉能事鬼”，等等，都在强调生命的此在意义。“重现世，轻来世”是儒家生死观的重要特色。另一方面，儒家又非常重视对于“死”的意义追寻，认为一个人可以通过生前的“立德、立功、立言”，在历史的社会时间维度突破生命的自然界限，强调要死得有意义、有价值。如孔子所提倡的“杀身以成仁”，孟子所主张的

①《马克思恩格斯文集》(第1卷)，人民出版社2009年版，第581页。

"生，亦我所欲也；义，亦我所欲也。两者不可得兼，舍生而取义者也"，等等，这种杀身成仁、舍生取义的生死观也逐渐融为民族精神的一部分，谱写了中华民族优秀子女们为民族大义而斗争不惜牺牲自己的感人事迹。毛泽东汲取了儒家传统生死观的合理因子，并注入了新的元素。他认为，人生的价值包含着生的价值与死的价值，生命是宝贵的，需要珍惜的，需要以乐观向上的态度去对待生命，不为困难所吓倒，不为强权所屈服，要保持昂扬的奋斗姿态，力争做生活的强者。这也正是其在《为人民服务》中所强调的，虽然说"要奋斗就会有牺牲"，但是"我们应当尽量地减少那些不必要的牺牲"，争取以最小的代价获得最好的结果，才是生命意义的真实展现。

毛泽东始终站在民族独立和人民解放的立场上去思考生死问题，正如其在《为人民服务》中所说的，"为人民利益而死，就比泰山还重；替法西斯卖力，替剥削人民和压迫人民的人去死，就比鸿毛还轻"[①]。而张思德同志，是为革命工作而牺牲的，是为人民的利益而牺牲的，所以他的死是比泰山还要重的。

在张思德领导的通信班中，班里新调来的小战士

①《毛泽东选集》(第3卷)，人民出版社1991年版，第1004页。

认为，干通信就是跑跑路，递递信，不显山不露水的，当不了英雄更立不了头功。张思德语重心长地说道，“做什么工作，都是为党工作，都是为了人民的利益。当兵干工作，干哪一行都是为了革命大厦增砖添瓦，多一个人就多一份力量”[①]。张思德是这么说的，也是这么做的。张思德每到一个地方，就自觉地和那里的群众打成一片。当部队驻扎在土黄沟烧木炭时，劳动虽然紧张，他还能经常抽出时间，带领全班开展助民劳动，帮助驻地附近的老乡闹秋收。村头的水井年久失修，井口低洼，村民打水不慎就会发生危险，张思德和战士们一起搬来石头，把井口垒高。井底泥沙淤积，他就下井掏泥沙，累得自己直不起腰来，也不肯让井上的战士下来替换自己。下雨天，村头沟里涨水，冲坏了小石桥，张思德就带着战士们去抢修小桥，修成之后比旧桥更坚固踏实。土黄沟的王大娘，儿子参加了八路军，离家多年，杳无音信。张思德经常登门为大娘干活，挑水、扫院、垒墙、推磨、喂猪、打场。调到中央警备团后，张思德更是谨遵毛主席的教导，时时处处为人民着想，为人民谋利益。枣园后沟住着几户农家，家里生活很困难。张思德知道后，只

① 陈惠方、廖可铎：《张思德传》，解放军出版社 2004 年版，第 208 页。

要有空就去给他们帮忙，哪家有农活，他就去干一阵；哪家缺农具了，他就掏出自己有限的津贴去购买；哪家农具坏了，他就绞尽脑汁地帮助修理。这里的乡亲们夸奖张思德是自己的亲人。在组织大家烧炭的时候，张思德也是处处考虑到人民的利益。砍树时，他一再照顾大家，告知他们不要看见树就砍，只砍那些老树枯树，不砍小树壮树，不要一片一片地砍，而是要有间隔地砍，这样也有利于保护森林、保持水土。就是在生前的最后一刻，张思德在修整炭窑窑壁突然崩塌时，他眼疾手快将战友小白推向洞口，而自己却被埋在窑洞内，不幸牺牲。张思德的一生，就是践行着为人民服务的一生，就是为人民谋利益的一生，体现了站在集体利益和人民利益的基础上，为人民利益牺牲一切的高贵精神。

在《为人民服务》中，毛泽东阐述了个人只有在为人民谋利益的事业中，才能够展现出自身的价值，使有限的生命焕发出无限的光辉。正如雷锋在其日记里所言，“人的生命是有限的，可是，为人民服务是无限的，我要把有限的生命，投入到无限的为人民服务之中去……”[①] 也只有这样生命才具有不朽的意义。在

①《雷锋日记选》，人民出版社 1973 年版，第 57 页。

远离硝烟弥漫的和平年代，虽然面临的生死考验会有所减少，尤其是在社会主义市场经济条件下，共产党员如何处理好个人利益与集体利益，避免“触动利益比触及灵魂还难”的窘境，如何继续保持坚定的信念和优良的作风，如何更好践行为人民服务的宗旨，较之革命年代更为不易。正如毛泽东所言，“无数革命先烈为了人民的利益牺牲了他们的生命，使我们每个活着的人想起他们就心里难过，难道我们还有什么个人利益不能牺牲，还有什么错误不能抛弃吗？”[①] 进入新时代，更要秉持“为人民利益而死”的牺牲精神，建设中国特色社会主义的伟大事业，以“全心全意为人民服务”而生，“为人民利益而死”为价值评判标准，才是真正的“生的伟大，死的光荣”。

①《毛泽东选集》(第3卷)，人民出版社1991年版，第1097页。

三、“为人民的利益改正错的”是非观

从认识论的角度来看，对于事物发展规律性的认知和把握总是要经历一个曲折的过程。由于客观事物的复杂性和认识主体自身的局限性，很难形成对于客观现实的真理性认识，需要在实践、认识、再实践、再认识的过程中，才能逐渐形成规律性的总结，这是人们的认识的发展规律。所以，错误认识的形成，是认识发展过程中的一个阶段，需要经过实践的检验与调试，才最终形成正确的认识。这是从事实判断上来考察认识正确与否的依据。实际上，认识的正确与否，还有一个价值判断，即认识的发展还有一个出发点的问题，即根本立场问题，是站在人民的立场上，为人民的利益去实践，还是去伤害人民的利益去实践。对于中国共产党来说，站在人民的立场上，为了人民的根本利益也是判断错误与否的重要标准。这也是中国共产党的是非观，即“为人民的利益坚持好的，为人民的利益改正错的”[①]。这一是非观的形成，也是与马克

①《毛泽东选集》(第3卷)，人民出版社1991年版，第1004页。

思列宁主义的建党原则一脉相承的。

在领导无产阶级政党进行革命活动的过程中，由于缺乏实际的斗争经验，马克思恩格斯对于政党活动的认识难免会产生偏差。其关键之处在于学会总结经验教训，正如恩格斯所说，“要获取明确的理论认识，最好的道路就是从本身的错误中学习”[①]。在巴黎公社失败后，马克思深刻分析了巴黎公社失败的原因并总结出，“无产阶级不能简单地掌握国家机器”，从而提出了无产阶级专政的思想。关于如何纠正自己的错误，恩格斯认为还是依靠群众，“领导的一切错误总是由群众来纠正”[②]。在领导苏俄革命和建设的过程中，列宁也认为，“犯错误对一个先进阶级的战斗的党并不可怕，可怕的是坚持错误，虚伪地不好意思承认错误和纠正错误”[③]，并指出一个郑重的政党就是应该公开地承认错误，分析错误，因为无产阶级没有什么可以隐瞒的。与此同时，列宁也提出了在错误中学习的方法——就是通过自我批评来学会办事，他认为，“自我批评对于任何一个富有活力、朝气蓬勃的政党来说都是绝对必要的”[④]。在列宁看来，自我批评既能

①《马克思恩格斯文集》(第10卷)，人民出版社2009年版，第560页。
②《马克思恩格斯文集》(第10卷)，人民出版社2009年版，第448页。
③《列宁专题文集·论无产阶级政党》，人民出版社2009年版，第351页。
④《列宁专题文集·论无产阶级政党》，人民出版社2009年版，第351页。

够深化对于错误的认识，又能够在党内形成优良的风气，使党的活动能够在民众中树立标杆。

在《为人民服务》中，毛泽东认为中国共产党是光明磊落的政党，是为人民服务的政党，所以，他强调，“我们如果有缺点，就不怕别人批评指出”。也正是有这种开放的胸襟，使得中国共产党能够采用党外人士李鼎铭关于“精兵简政”的建议。

陕甘宁边区是当时中共中央的所在地和敌后抗日根据地的总后方，为全国抗战担负着特别重大的责任。随着革命事业的发展，边区的军队数量和政府机关也日益扩大。但是，边区地广人稀，经济文化比较落后，民力物力和财力都相对薄弱，再加上日本帝国主义的侵略以及国民党的经济封锁，根据地财政经济发生了严重的困难，出现了“头重脚轻”“鱼大水小”的局面。当时边区的财力既要保障军政机关人员的生活费用，又要支援前线的抗战军需，使得我们党不得不增加了边区人民的负担。

1941 年 11 月 6 日至 21 日，在中共中央的直接领导下，陕甘宁边区第二届参议会第一次会议在延安召开。这次会议按照“三三制”原则选举了边区政府的参议员，这些参议员本着为了人民的利益的原则，向边区政府提出了大量的议案，涉及军事、政治、经济、文化、教育等各个方面，“精兵简政”这条意见就是李鼎铭等11位参议员提出来的。李鼎铭的提案为：“政府应彻底计划经济，实行精兵简政主义，避免入不敷出，经济紊乱之现象”①，“军事政治之建立，必须以经济力量为基础。在今日人民困苦、资源薄弱之状况下，欲求不因经济枯竭而限制军政发展，亦不因军政发展而伤害经济命脉，唯有政府彻底计划经济，实行精兵简政主义，量入为出，制定预算，以求得相依相助，平衡发展之效果”②。“精兵简政”方案的提出得到了党中央和毛泽东的高度关注，为了坚持抗战，巩固根据地，中共中央于1941年2月发出了实行“精兵简政”的指示，到1942年秋，陕甘宁边区先后经过两次精简，取得了显著的成就。

1942年9月，毛泽东在为《解放日报》撰写的《一个极其重要的政策》的社论中论述了“精兵简政”政策的必要性，他形象地指出，“气候变化了，衣服必须随着变化。每年的春夏之交，夏秋之交，秋冬之交和冬春之交，各要变换一次衣服。但是人们往往在那‘之交’不会变换衣服，要闹出些毛病来，这就是由于

①《陕甘宁边区参议会文献汇辑》，知识产权出版社2013年版，第148页。
②《陕甘宁边区的精兵简政》(资料选编)，求实出版社1982年版，第7—8页。

习惯的力量。目前根据地的情况已经要求我们褪去冬衣，穿起夏服，以便轻轻快快地同敌人作斗争，我们却还是一身臃肿，头重脚轻，很不适于作战”[①]。随后中共中央又发出《关于加强统一领导与精兵简政工作的指示》，边区政府又制定了《陕甘宁边区精兵简政纲领（草案）》等文件。随后中共中央机关报《解放日报》为促进“精兵简政”政策的正确贯彻执行，发表社论、专论以及经验介绍和情况的报道，对“精兵简政”政策的实施起了很好的推动和指导作用。到1944年1月，边区政府副主席李鼎铭向边区委员会作简政总结报告，总结了精兵简政的经验，宣告了精兵简政工作取得圆满成功。

“精兵简政”政策的实行是中国共产党自觉接受人民的监督，为人民的利益坚持好的、改正错的具体实践和典型案例。实际上，除了党外监督的纠错机制，中国共产党也形成了内部的纠错机制，这就是批评与自我批评，毛泽东将其称为“我们党的优良作风”。

“为人民的利益坚持好的”，就是要坚持人民的历史主体地位，以人民的利益为最高地位，以人民的利益作为检验工作的标准，这就是邓小平提出的“三个

①《毛泽东选集》（第3卷），人民出版社1991年版，第882页。

有利于”的标准，即“是否有利于发展社会主义社会的生产力，是否有利于增强社会主义国家的综合国力，是否有利于提高人民的生活水平”作为评判工作的标准，其根本的出发点还是为了实现人民的根本利益。进入新时代，推进各项事业更要牢牢站稳群众立场，坚持以人民为中心，“把人民拥护不拥护、赞成不赞成、高兴不高兴、答应不答应作为衡量一切工作得失的根本标准”①，多解民生之忧，多谋民生之利。

“为人民的利益改正错的”，就是要善于听取人民的意见，自觉地接受人民的监督，积极地改正错误，“共产党人必须随时准备修正错误，因为任何错误都是不符合于人民利益的”②。自中国共产党成立以来，犯过的错误，走过的弯路不可谓不多，但是每次都能够纠正过来，一方面通过党内教育，另一方面接受人民的监督，特别是与党外人士的民主合作得以改正这些错误。正如毛泽东《在陕甘宁边区参议会的演说》中所谈到的，“共产党是为民族、为人民谋利益的政党，它本身决无私利可图。它应该受人民的监督，而决不应

① 习近平：《在庆祝中国共产党成立 95 周年大会上的讲话》，人民出版社 2016 年版，第 18 页。

②《毛泽东选集》（第 3 卷），人民出版社 1991 年版，第 1095 页。

该违背人民的意旨”①。在社会主义建设时期，特别是“大跃进”给国民经济发展带来损害的时候，毛泽东在七千人大会上作了自我批评，认为中央应该承担走弯路的责任，指出“四高，几个大办，供给制，食堂，这些都是错误的，做了有损于人民利益的事，为人民服了不好的务”②。在指导《关于建国以来党的若干历史问题的决议》（以下简称《决议》）的起草过程中，邓小平也指出，《决议》的起草和修订就是表明我们党勇于面对和纠正自己的错误。中国共产党在九十多年的发展历程中，从弱小走向强大、从幼稚走向成熟的重要原因就在于始终以人民的利益为出发点，勇于承认错误，敢于修正错误，善于在错误中总结经验，在错误中成长。

---

①《毛泽东选集》（第3卷），人民出版社1991年版，第809页。

②《毛泽东传》（第5册），中央文献出版社2011年版，第2153—2154页。

四、“五湖四海”的人才观

“五湖四海”是《为人民服务》中提出的一个重要概念，从这一概念的本义来看，指的是地域的广袤性，泛指全国各地或是世界各地。从中国共产党对“五湖四海”的引申义来看，还包括政治见解的包容性和干部任用的多样性。

首先，从地理空间的本意看，“五湖四海”指的是党员干部地域来源的丰富性。由于近代中国革命的特殊性，革命总是爆发在反革命势力薄弱的环节，在地域上处于几个省份交界的地方，党员成分也多是来自不同的省份。长征横跨了大半个中国，再加上抗战时期，全国各地革命青年慕名来到延安。所以，造成党员的地域来源更加多样化。这也是《为人民服务》中使用的“五湖四海”的含义，“我们都是来自五湖四海，为了一个共同的革命目标，走到一起来了”。实际上，对于“五湖四海”的强调，其目的是针对党内出现的宗派主义，而要求加强队伍的团结。毛泽东指出，无论是外来干部还是本地干部，军队工作干部还是地方干部，老干部还是新干部，都是平等的，都是我们党的财富，彼此之间应该相互交流，彼此尊重，以革命的利益、人民的利益为第一位。

其次，从政治见解来说，“五湖四海”也是指政治意见的多样性。毛泽东曾在中共六届七中全会的讲话中指出，“党是政治团体，不是家族或职业团体，党员都是来自五湖四海，因为政见相同结合起来的”[①]。这一方面强调了党员结合的基本要点是政见相同，所以相互成为“志同道合”的同志；另一方面也确认了政见来源的多面性，需要吸纳不同的意见以供决策使用。正如毛泽东在《党委会的工作方法》中强调的那样，“我们都是从五湖四海汇集拢来的，我们不仅要善于团结和自己意见相同的同志，而且要善于团结和自己意见不同的同志一道工作”[②]，这就是要求要善于听取各方面的意见，充分发挥各方面的参与力量和积极性。对于政见不同的，也应争论，必要的时候也可以划清界限，但是要少戴帽子。对此，习近平也提出同样的观点。他指出，各级党委和政府应该就工作和决策中的有关问题积极征询意见，特别是批评意见，“即使一些意见和批评有偏差，甚至不正确，也要多一些包容、多一些宽容，坚持不抓辫子、不扣帽子、

① 《毛泽东文集》（第3卷），人民出版社1996年版，第283—284页。
② 《毛泽东选集》（第4卷），人民出版社1991年版，第1443页。

不打棍子”[①]；对于不妥当的甚至是错误的批评意见，也应该开展说明工作，积极引导，而不能把人看死，更不能一味地回避和排斥。在政见上对于“五湖四海”的强调，其关键在于提倡包容性。由于党员干部的生长环境、教育背景不同，其对于工作的理解和水平也是参差不齐的，所以，更应该强调求同存异，特别是对于以前犯过错误的人，也应该摒弃前嫌，一同工作。

最后，“五湖四海”也是指干部任用的灵活性。中华人民共和国成立后在确定政府机构的名单时，毛泽东强调，“共产党人和进步人士还是一半一半好，要搞五湖四海”[②]。这是在党员干部与非党员干部的任用中所强调的，其目的是巩固统一战线。而在党内部的干部任用上，强调“五湖四海”的原则，其目的则是克服党内的山头主义。党内存在的拉帮结派和山头主义现象只能够破坏党的团结，削弱党的领导力。在《学习和时局》中，毛泽东就分析了山头主义产生的根源。山头主义产生的客观原因是中国社会结构所造成的，庞大的小资产阶级和长期被敌人分割成片的革命根据地客观上阻碍了同志间的普遍交流和了解；其主观原

① 习近平：《在知识分子、劳动模范、青年代表座谈会上的讲话》，人民出版社 2016 年版，第 7 页。

②《毛泽东文集》(第 6 卷)，人民出版社 1999 年版，第 6 页。

因是由于党内教育的不足，导致党员同志们缺乏主观认知。“五湖四海”的干部路线，其本质就是“任人唯贤”，即不以出身，与领导关系的亲密作为任命干部的依据，而是“以能否坚决地执行党的路线，服从党的纪律，和群众有密切的联系，有独立的工作能力，积极肯干，不谋私利为标准”[①]。

“五湖四海”的人才观，对于当前党的建设具有极强的指导意义。习近平曾指出：“党内决不能搞封建依附那一套，决不能搞小山头、小圈子、小团伙那一套，决不能搞门客、门宦、门附那一套，搞这种东西总有一天会出事！”[②]党的十八大以来所查处的贪腐案件中，其中就不乏官员间千丝万缕的联系所形成的一个个或明或暗的帮派团伙，“秘书帮”“石油帮”“山西帮”，等等，其实质就是“山头主义”。在干部选拔和任用中，就必须坚持“五湖四海，任人唯贤”的路线，“要坚持五湖四海，团结一切忠实于党的同志，团结大多数，不得以人划线，不得搞任何形式的派别活动”[③]。从严治

①《毛泽东选集》(第2卷)，人民出版社1991年版，第527页。

②《习近平关于党风廉政建设和反腐败斗争论述摘编》，中央文献出版社2015年版，第40页。

③《习近平关于严明党的纪律和规矩论述摘编》，中央文献出版社2016年版，第27页。

党必须从严治吏，以领导干部这个“关键少数”为主要抓手，同时又要全面覆盖，不断完善干部选拔任用制度和管理机制，为新时代中国特色社会主义的伟大事业锻造信念过硬、政治过硬、责任过硬、能力过硬和作风过硬的干部队伍。

为人民服务是中国共产党领导革命建设和改革不断取得成果的经验凝结，是社会主义核心价值观的核心思想，是对于人类社会价值评判标准的创新表达。然而，随着我国社会进入转型期，经济社会发展问题不断显现，道德领域的问题更加严峻，甚至出现了为人民服务“过时论”，为人民服务也开始出现种种异化表现：如“为人民币服务”“为政绩服务”“为资本服务”“为子女服务”“为情人服务”。这些现象误读、扭曲了为人民服务的本源意义。这些观点和做法就其认识论来看，是将现实中从事劳动、辛勤付出的“人民”主体抽象化理解成一个符号象征，甚至庸俗化了。从时间维度来看，“为人民服务”概念的提出虽然在抗日战争时期，但是其内在蕴含的“为人民利益”而工作奋斗的价值理念却一直传承至今并不断更新，从“共同富裕”到“三个代表”，再到“以人为本”，再到新时代的“以人民为中心”的表达，都是具有鲜明时代气息的理念，其根本还在于要坚持为人民服务，所以，从纵向的时间维度来看，“为人民服务”并未过时。从人生观的角度来看，“为人民服务”的理念所呈现出来的是个人与社会、个人利益与集体利益、奉献与索取之间的良性互动和完满状态。个人的发展离不开社会，脱离社会而存在的个体只不过是虚幻的抽象的，而个人的价值也只有在社会中才能得以实现，在社会交往中、在不断奉献的过程中才能得以最大化。奉承为人民服务“过时论”的人，从根本上割裂了个人与社会的关系，否认了为人民服务与人生观的内在关联。为人民服务不应过时，也不会过时。

第五章

《愚公移山》的主要内容

《愚公移山》是毛泽东在中国共产党第七次全国代表大会上的闭幕词。在讲话中，毛泽东号召全党同志要像愚公一样，坚定信心、不怕牺牲，将中国人民的解放事业进行到底，带领广大人民群众挖掉帝国主义和封建主义的两座大山，把中国引向光明。在这篇闭幕词中，毛泽东以质朴的文风，将传统的“愚公移山”寓言故事实现了创造性的转化，阐明了中国共产党的“愚公”角色与人民群众的“上帝”角色的关联互动，坚定了人们对于新民主主义中国的信念和信心。

一、“愚公移山”的内涵演变

“愚公移山”是战国时期的一则寓言故事，载于《列子·汤问》，原文为：

太行、王屋二山，方七百里，高万仞。本在冀州之南，河阳之北。北山愚公者，年且九十，面山而居。惩山北之塞，出入之迂也，聚室而谋曰：“吾与汝毕力平险，指通豫南，达于汉阴，可乎？”杂然相许。其妻献疑曰：“以君之力，曾不能损魁父之丘，如太行、王屋何？且焉置土石？”杂曰：“投诸渤海之尾，隐土之北。”遂率子孙荷担者三夫，叩石垦壤，箕畚运于渤海之尾。邻人京城氏之孀妻，有遗男，始龀，跳往助之。寒暑易节，始一返焉。河曲智叟，笑而止之，曰：“甚矣，汝之不惠。以残年余力，曾不能毁山之一毛，其如土石何？”北山愚公长息曰：“汝心之固，固不可彻，曾不若孀妻弱子。虽我之死，有子存焉；子又生孙，孙又生子；子又有子，子又有孙。子子孙孙，无穷匮也，而山不加增，何苦而不平？”河曲智叟亡以应。操蛇之神闻之，惧其不已也，告之于帝。帝感其诚，命夸蛾氏二子负二山，一厝朔东，一厝雍南。自此，冀之南，汉之阴，无陇断焉。

“愚公移山”所表述的是一则励志故事：一位名为“愚公”的老者，因太行、王屋二山阻拦了自家的出行生活，便下定决心全家移山，虽有“智叟”嘲讽，但仍不改其志，这种决心和毅力感动了天帝，遂命天神移走二山。

这则寓言故事在古代并未引起人们的共鸣，一方面由于《列子》被认为是一部伪作，是由后人借列子之名所作，所以很多选本都未收录《列子》一书，因而古代学者对于“愚公移山”的接触还是比较少的。根据“中国基本古籍库”的检索，从唐朝到清朝的古籍文本中，“愚公移山”的检索结果共出现 108 次，其中清朝以前的文本中共计出现 44 次，可见“愚公移山”的故事知晓度在清朝以前还是十分有限的。

而“愚公移山”的故事被重新挖掘还是到晚清时期。鸦片战争以后，面对着“三千年未有之大变局”，当时的知识分子在对外学习西方的同时，对中国的传统文化也开始进行现代化的改造，以期挽救民族危机，“愚公移山”就是在这种背景下被重新挖掘。“愚公移山”寓言故事本身所蕴含的不畏困难、坚忍不拔，面对质疑志向不改的内在秉性，无论是对于个人还是集体，乃至一个国家和民族都极富激励意义。对于矢志于中华民族复兴的有识之士，面对民族命运的危机和个人境遇的困顿，更要重新挖掘“愚公移山”，赋予其现代性的精神魅力，以凝聚共识，汇聚力量，图民族自强复兴大业。

洋务派所发起的“自强求富”的洋务运动，力求通过器物层面的学习以实现自强。面对西方技艺的繁杂与高超，洋务派提出要发扬“愚公”的精神，学习西方的先进技术。1865年12月14日，曾国藩在给李鸿章的回信中就指出，要加紧轮船的制造，轮船若造就成功，并能安定国人之心，而打消外族侵略之谋。因为造船技术要求较高，不可儿戏，需要付出极大的努力，所以“亦当效愚公移山，勉卒此功”①。在向西方学习技术的同时，对于西方技术为何能够如此发达，洋务派思想家王之春也作出了自己的分析。他在1879年写就的《国朝柔远记》中指出，西方之所以能够擅长技艺，是在于其执业精益求精，而中国却缺少这种精神，故其技术能够领先中国。西方人每制造一种器具，皆是专心致志，心无旁骛，遇到一点缺陷，不惜从头返工，乃至“守愚公移山之法，父而子，子而孙，至再至三，务期抵于精而后已，虽费巨金不惜也”②。而

①《曾国藩全集》(第28卷)，岳麓书社2011年版，第835页。

②《王之春集》(第1卷)，岳麓书社2010年版，第469页。

国人虽偶有创造之举，旁观之人势必议论阻挠，事情还没有做成功，就开始议论他的失败了，这与“愚公移山”之“智叟”无异，所以，怀才之士总是不敢轻易地去尝试，技术不可能会精良。因此，他认为，要改良技术，推动技术发展，必须学习“愚公移山”的精神，专心一志，必有所成。

民国初期，“愚公移山”的寓言故事为各种国文教材和中小学教科书所收录。较早的有屠元立编纂，中华书局 1914 年出版的《新制中华国文教授书》第 28 课收录了《愚公移山》故事一则。1925 年商务印书馆出版的现代初中教科书《国文》第一册第 29 课也收录了《愚公移山》。1937 年，依据民国政府教育部重新审订并修正的课程标准的新版教科书——《新编高小国语读本》（第二册）也将《愚公移山》收录。可以说，《愚公移山》成为当时所受教育者必读的经典文献之一。当时还有些报纸杂志刊登了中小学生学习《愚公移山》之后的感受，如何树藩同学写道，“我们青年做事总不要为难，必要奋勇直前，百折不罔，和愚公移山的心志一样坚固，不要为别人的话所惑弄”，“人生是不要畏难苟安，萎靡不振，社会才有新建设，文明才有新创造”[①]。当时

① 何树藩：《读愚公移山》，《民生周刊》1930 年 12 月 2 日第 32 期。

汉口市立第十小学五年级学生戴诗烈同学也写道，“前天我读了《愚公移山》这一篇书，读了好久，我心里忽然发生一种感想，就是人要做事，有坚决的意志”[①]。除此之外，“愚公移山”也通过其他形式表现出来。商务印书馆于1905年创办的一所实验小学——尚公学校游艺会高年级学生将“愚公移山”的故事改编成影戏并多次演出。[②]德隆学校的学生也将“愚公移山”改编成话剧节目并在恳亲会上表演。[③]

在这一急剧变革时期，许多知识分子都开始思考如何在一种全新的政治秩序下安放自己，寻求新的人生意义。1913年蔡元培赴德留学时，在思索世界观与人生观的问题时，认为世界是无穷无尽的，人身居其中乃可忽略不计。既然人为世界一分子，决不能超出世界之外，并从进化史观的角度探讨了人生的意义，人类的进化史昭示人类，人生的义务是“为群伦不为小己，为将来不为现在，为精神之愉快而非为体魄之享受”。他引用愚公的故事，“北山愚公之言曰：‘虽我之死，有子存焉。子又生孙，孙又生子，子子孙孙，

①戴诗烈：《读〈愚公移山〉后的感想》，《汉口小学生》1935年10月10日。

②《纪昨日之尚公学校游艺会》，《申报》1922年11月26日。

③《德隆学校之恳亲会》，《申报》1925年12月29日。

无穷匮也；而山不加增，何苦而不平'" [1]，强调人应当在此世界尽其存种姓之任务，从而实现个人与集体的统一。傅斯年在分析中国历史上存在的“达生观”“出世观”“物质主义”“遗传的伦理观念”等流行的“左道”人生观念之后，认为应当就人生而谈人生，从而提出自己的人生观——为了公众的福利而自由发展个人，随后他以“愚公移山”的寓言来形容这个道理，进而指出“我的人生观念就是‘愚公移山论’。简截说罢，人类的进化，恰合了愚公的办法。人类所以能据有现在的文化和福利，都因为从古以来的人类，不知不觉的慢慢移山上的石头土块：人类不灭，因而渐渐平下去了。然而愚公的移山论，竟是合乎人生的真义，断断乎无可疑了” [2]。傅斯年对“愚公移山”做了一个全新的诠释，用人取代了神灵，用人自身的努力替换了神灵的帮助，从而第一次将人的力量提升到了主体的位置，这也是与五四运动时期所提倡的理性精神的张扬和人性的重新发掘所密切相关的。

与此同时，“愚公移山”的故事也被当作奋斗精神的素材来激励年轻人锻造积极向上的心态，以树立昂

①《蔡元培选集》(上册)，浙江教育出版社 1993 年版，第 5 页。
②《傅斯年全集》(第 1 卷)，湖南教育出版社 2003 年版，第 94 页。

扬的人生态度。1933年6月26日的《申报》“读者顾问”一栏，浙江何姓读者在表达人生是应该继续奋斗还是屈服现实的困惑时，编辑谈到只有进行极艰辛的奋斗才能够实现人生的价值，并主张“要用愚公移山的精神为精神，有愚公的精神才可以继续更猛烈的奋斗”①。实际上，将“愚公移山”进行人生观式的解读是这一时期一大特色。这是在社会急剧变革时期，随着旧的社会秩序、思想体系和思维方式的解构，而新的秩序尚未建立，对于人生该何处安放，人生该向何处，成为这一时期知识分子主要探寻的问题。

历史的风云变幻总会激起人们对于过往的回忆，随着民族危机的日益加深，人们对于民族和国家去往何处的思考也日益深刻，“愚公移山”中所蕴藏的民族情怀也逐渐被挖掘出来。章渊若在《今后中国之两大出路》中认为，日后中国的建设工作将十分艰辛，“问题之多，继往开来，其任愈重，其道愈远。然吾人只须有愚公移山之精神，同舟共济之心地，则建设一分，便是成功一分”②。毛泽东在中国共产党七大上的闭幕词，既是对近代以来“愚公移山”中所阐发的奋

①《怎样奋斗？》，《申报》1933年6月26日。

②章渊若：《今后中国之两大出路》，《申报》1931年10月10日。

斗进取、乐观向上精神的继承，也进一步发展了“愚公移山”中所蕴含的群体力量，将其归结为“人民上帝说”，更是创造性地赋予了“愚公移山”革命性的意蕴，将“愚公”勾勒为一个现代革命者的形象，其所承担的历史使命就是要通过不断奋进、持续努力地工作感动人民这个上帝，从而与广大人民群众一道挖掉帝国主义和封建主义的两座大山，实现中华民族的独立和解放。

毛泽东曾多次引用“愚公移山”的故事来鼓舞人心，激励革命队伍继续前行。早在 1938 年 4 月 30 日，毛泽东在抗大第三期第二大队毕业典礼上发表讲话时，就引用了“愚公移山”的故事，在讲话中他“要求大家学习愚公挖山的精神，把帝国主义、封建主义和资本主义的三座大山统统移掉”[①]。1939 年 5 月 30 日，毛泽东在延安庆贺模范青年大会上讲话时，号召广大青年要坚持“永久奋斗”的精神状态，即使这一代没能取得革命的成果，“将来你们老了，教育你们的儿子也要代表他们，儿子再告诉儿子，孙子再告诉孙子，这样一代一代传下去，并且一传十，十传百，百传千，传遍全中国，不

①《毛泽东年谱（1893—1949）》(中)，中央文献出版社 2013 年版，第 68 页。

达目的不止”[①]。

在中国共产党七大上，毛泽东共三次在不同场合提及“愚公移山”的故事。第一次是在 1945 年 4 月 24 日，毛泽东在中国共产党七大上的口头政治报告中，其在谈论关于国民党的问题时，指出“只要我们手里还有一条枪，我们被打倒了，就把枪交给我们的儿子，儿子再交给孙子”[②]。第二次是在 1945 年 5 月 31 日，毛泽东在中国共产党七大上的结论中强调，“同志们！我多次讲愚公移山的故事，就是要大家学习愚公的精神，我们要把中国反革命的山挖掉！把日本帝国主义这个山挖掉”！[③]第三次就是 1945 年 6 月 11 日在中国共产党七大上的闭幕词中，毛泽东完整地阐述了其对于“愚公移山”的故事的创造性理解，将中国共产党比喻成“愚公”，将帝国主义和封建主义比喻成“山”，将隐藏在故事背后但却对整个故事的发展起决定性作用的“上帝”比喻为广大人民群众，从而对“愚公移山”的故事进行了现代化的改造。这种语义内涵的转变，重新激活了“愚公移山”内在的奋斗精神。

随着历史环境的变迁，“山”所指的对象也会发生

①《毛泽东文集》（第 2 卷），人民出版社 1993 年版，第 193—194 页。

②《毛泽东文集》（第 3 卷），人民出版社 1996 年版，第 326 页。

③《毛泽东文集》（第 3 卷），人民出版社 1996 年版，第 419 页。

相应变化。在革命年代，“山”所指称的是革命的对象，而“移山”则指富于革命性的活动。在社会主义建设时期，“山”所指称的则是横亘在社会主义建设道路上的羁绊，而“移山”则是更具有建设意味的行动。1957年10月9日，毛泽东在阅览《山东省莒南县厉家寨大山农业社千方百计争取丰收再丰收》的报告时，深为厉家寨人民的奋斗精神所感动，随后写下“愚公移山，改造中国，厉家寨是一个好例”的批示，发出了“愚公移山，改造中国”的建设强音。在此之后，“愚公移山”的使用已运用在充分发挥艰苦奋斗、不畏困难建设社会主义的语境之中，其内涵也已逐步转向和平年代所提倡的奋斗进取的建设精神。1962年1月，在北京召开的中共中央扩大的工作会议（又称“七千人大会”）上，刘少奇向大会提交的书面报告中总结道：毛泽东同志在党的七大的时候，号召全党同志以“愚公移山”的奋斗精神，推翻帝国主义和封建主义的两座大山。进入社会主义建设时期，中国人民仍然面临着困难，“现在，在中国人民面前，还横着经济贫穷和文化落后的两座大山，我们同样要用‘愚公移山’的精神，把它们搬掉”[①]。“山”的指向也已经发生了变化，但是其内在蕴含的精神却是永

①《刘少奇选集》(下卷)，人民出版社1985年版，第416页。

远值得坚持和发扬的。

改革开放以来，中国共产党在带领人民建设中国特色社会主义现代化伟大事业的进程中，对于奋斗精神的呼唤也更加强烈，此时“愚公移山”的意蕴更多是强调发挥奋发向上的进取精神，为建设社会主义现代化强国而努力。随着中国特色社会主义进入新时代，对于“愚公移山”精神的发扬也更加凸显。在中央扶贫工作会议上的讲话中，习近平号召，“我们要立下愚公移山志，咬定目标、苦干实干，坚决打赢脱贫攻坚战”[①]。此时，习近平对“愚公移山”的挖掘，除了继承其本源意义上的不怕困难、积极奋斗精神，还从建设语境出发阐发其内在的坚定目标、勇于探索的实干精神。除此之外，习近平还从中国传统文化出发，认为“愚公移山”等神话故事“深刻反映了中国人民勇于追求和实现梦想的执着精神”[②]。这些都是习近平对于“愚公移山”的现代化解读的基本质因，既以中国优秀传统文化为立足点，又以现实问题为出发点，从而实现对传统资源的现代运用。

“愚公移山”内涵的演变反映了近代中国社会的深刻变动，是传统资源与特定历史环境相结合的典范。

①《习近平谈治国理政》(第2卷)，外文出版社2017年版，第83页。

② 习近平:《在第十三届全国人民代表大会第一次会议上的讲话》，人民出版社2018年版，第5页。

中国共产党人对于“愚公移山”的创造性转化，既是对近代以来“愚公移山”内涵构造的继承，也结合当下的历史任务构造出新的文化资源，并逐步为后来中国共产党人所发展，进而熔铸到民族精神中，成为带领中国人民走向民族伟大复兴的力量支撑。

二、先锋队的觉悟与人民群众的觉悟

无产阶级政党的先锋队性质，一方面要求政党敢于不断地自我革命以保持先进性；另一方面又要求政党善于处理党群关系，既不能脱离群众，又要保持自身先进性，带领广大人民群众不断前进，实现政党目标。

马克思恩格斯并没有明确地阐明“先锋队”理论，但是在他们的语境中已经逐步形成了“先锋队”“开路先锋”和“革命的先锋”等概念。在《共产党宣言》中，马克思恩格斯就阐明了共产党人同无产阶级的关系，他们认为共产党代表的是整个无产阶级的利益，在无产阶级同资产阶级的斗争中，代表的也是整个运动的发展方向，所以“在实践方面，共产党人是各国工人政党中最坚决的、始终起推动作用的部分；在理论方面，他们胜过其余无产阶级群众的地方在于他们了解无产阶级运动的条件、进程和一般结果”[①]。在此，马克思恩格斯从实践和理论两个层面阐明了无产阶级政党先锋队性质的历史条件。在评析 1848 年法国工人六月起义的过程时，马克

①《马克思恩格斯文集》(第 2 卷)，人民出版社 2009 年版，第 44 页。

思指出无产阶级要发挥自己的先锋队作用，并将绝大多数民众吸引到自己的先锋队旗帜之下，革命的力量才能够不断地壮大。他在《1848 年至 1850 年的法兰西阶级斗争》中强调，“在革命进程把站在无产阶级与资产阶级之间的国民大众即农民和小资产者发动起来反对资产阶级制度，反对资本统治以前，在革命进程迫使他们承认无产阶级是自己的先锋队而靠拢它以前，法国的工人们是不能前进一步，不能丝毫触动资产阶级制度的”[①]。在此，马克思初步阐释了无产阶级先锋队同民众之间的关系，强调先锋队在革命中注重与农民和小资产者的联合。在《法兰西内战》中，马克思更是将无产阶级的国际性革命联合组织——国际工人协会（即第一国际）誉为“新社会的开路先锋”[②]。恩格斯在总结法国大革命以来，法国工人阶级在历次斗争中的表现时，感叹道，“这个民族的工人阶级将近一百年来，不仅在本国历史上的每次危机中，起了决定性的作用，而同时还一直是欧洲革命的先锋”[③]，认为法国工人阶级不仅是本国民众的代表，更是欧洲革命的先锋。可见，在马克思恩格斯的语境中，“先锋队”的主体虽然具有多重含义，既可以是指工人阶级、共产

①《马克思恩格斯文集》（第 2 卷），人民出版社 2009 年版，第 89 页。
②《马克思恩格斯文集》（第 2 卷），人民出版社 2009 年版，第 117 页。
③《马克思恩格斯全集》（第 19 卷），人民出版社 1963 年版，第 151 页。

党，也可以是工人阶级的联盟——第一国际。但是“先锋队”的使命却是唯一的，就是要推翻资产阶级的统治，建立一个新的社会，实现人的解放。

列宁在继承马克思恩格斯关于“先锋队”的阐释基础之上，进一步发展形成了先锋队政党理论，论证了先锋队政党的必要性、具体形式和基本职能等，为构建无产阶级新型政党形态提供了理论支撑。在列宁看来，无产阶级在资本主义社会中是无法产生出社会主义意识的，而且其自发性的运动往往会受到资产阶级意识形态的控制，不仅是因为资产阶级意识形态的产生更加久远，拥有丰富的传播手段，而且还因为“他们用小资产阶级的自发势力从各方面来包围无产阶级，浸染无产阶级，腐蚀无产阶级，经常使小资产阶级的懦弱性、涣散性、个人主义以及由狂热转为灰心等旧病在无产阶级内部复发起来”①。因而要有效地领导无产阶级革命，就必须唤醒无产阶级的革命意识，不断地从外部向无产阶级灌输社会主义意识形态，促进无产阶级的觉醒。这时将少数的、具有共产主义觉悟的精英组织起来成立先锋队政党就显得尤为必要。在具体形式上，先锋队政党具有高度统一的思想、高度

①《列宁选集》(第4卷)，人民出版社2012年版，第154页。

精干的组织和高度严格的纪律。先锋队政党的职能主要包括宣传、教育、动员和领导等四个方面。具体而言，先锋队政党必须深入到工人阶级之中，进行广泛的政治宣传和政治鼓动，使工人阶级认识到资本的剥削本性，进而用马克思主义教育广大工人阶级，培育阶级意识，促进工人阶级的觉悟。在此基础之上，先锋队政党要将工人阶级动员起来，一方面将工人阶级组织起来，成为先锋队政党行动的基石；另一方面将工人阶级中的优秀分子吸收到组织之中，不断充实先锋队政党的力量。更为重要的是，先锋队政党要领导工人阶级，要“善于领导运动，善于变自发游行示威为政治游行示威，善于加强游行示威的政治性”[①]。不仅如此，在需要退后的时候，还要善于领导工人阶级退却，以便保存革命力量。列宁的先锋队政党理论，不仅是无产阶级政党进行革命、夺取政权的重要指导，也是无产阶级政党治国理政的重要法宝。

毛泽东不仅继承了马克思列宁主义的先锋队理论，而且结合中国实际作了进一步发展。一方面指出中国共产党不仅是中国工人阶级的先锋队，而且是中国人民和中华民族的先锋队，形成了“两个先锋队”的理

①《列宁选集》(第 1 卷)，人民出版社 2012 年版，第 380 页。

论；另一方面在此基础之上对先锋队与广大人民群众之间的关系作了进一步创造，进一步阐明了先锋队觉悟与广大人民群众觉悟之间的关系。

在成立初期，中国共产党基本上继承了马克思列宁主义的先锋队政党理论，认为自己是中国工人阶级的先锋队。1922 年 6 月，中共中央执行委员会发布的《中国共产党对于时局的主张》强调，“中国共产党是无产阶级的先锋军，为无产阶级奋斗，和为无产阶级革命的党”①。但是在早期活动中，党对这一原则作了教条式的理解，罔顾中国工人数量较少的现状，机械套用，制约了党的活动范围和革命力量的扩大。随着抗日战争的爆发，抗日民族统一战线的逐步形成，党对自身性质的认识更加明晰了。1935 年，中共召开瓦窑堡会议，通过的《决议》中指出，“中国共产党又是全民族的先锋队，因此一切愿意为着共产党的主张而奋斗的人，不问他们的阶级出身如何，都可以加入共产党”②。1937 年 10 月 19 日，毛泽东在延安陕北公学纪念鲁迅逝世周年大会上的讲话中指出，随着抗日战争

---

①《建党以来重要文献选编（1921—1949）》（第 1 册），中央文献出版社 2011 年版，第 97 页。

②《建党以来重要文献选编（1921—1949）》（第 12 册），中央文献出版社 2011 年版，第 549 页。

的发展，需要大批的先锋分子来开辟道路，这些先锋分子是一心为着民族的解放而奋斗的。与此同时，还要发动广大人民积极参加抗战，为最后的胜利提供保障，因此需要先锋队去领导群众、组织群众，进而强调“我们共产党是无产阶级的先锋队，同时又是最彻底的民族解放的先锋队”[①]，自此开始形成了“两个先锋队”的表述，这极大地丰富了马克思列宁主义的先锋队政党理论。党的七大通过的党章规定，“中国共产党，是中国工人阶级的先进的有组织的部队，是它的阶级组织的最高形式。中国共产党代表中国民族与中国人民的利益”[②]。这样就阐明了“两个先锋队”性质的基石，即中国工人阶级与中华民族、中国人民的根本利益的一致性。中国共产党的先锋队性质就是这一逻辑的自然延伸。

在《愚公移山》中，毛泽东重点强调的是先锋队觉悟与人民群众觉悟之间的关联，这也是其运用“愚公移山”寓言故事的重要意义所在。在毛泽东看来，先锋队觉悟与人民群众觉悟两者之间是相互关联、辩证统一的。只有先锋队自己觉悟了，通过“每天挖山

①《毛泽东文集》(第2卷)，人民出版社1993年版，第42页。

②《建党以来重要文献选编（1921—1949）》(第22册)，中央文献出版社2011年版，第533页。

不止”、奋斗不息的工作，才能够感动人民大众这个“上帝”，进而促进人民群众的觉悟，使人民群众将党的事业视为自己的事业，甘心一起奋斗，事业才能够取得成功。

先锋队的觉悟是前提和基础。先锋队的觉悟一方面要有正确的路线，坚定事业必胜的信心，排除万难，去争取胜利。试想如果“愚公”为旁边的“智叟”所干扰，被其说服，那么“移山”就无从谈起，更毋庸谈感动上帝了。另一方面也要批驳“智叟”，自觉排除干扰，这种批驳不仅是言语上的反击，更重要的是以自己的实际行动去赢得事业的胜利。

人民群众的觉悟是最终目的。先锋队觉悟，不断奋进的目的归根结底还是为了促进人民群众的觉悟，没有人民群众的觉悟，中国共产党领导的革命就失去了支持力量，终将不会完全胜利，甚至“当着人民还不觉悟的时候，把革命果实送给人家是完全可能的”[①]。为了实现人民的觉悟，一方面需要先锋队带头“挖山不止”，让人民群众看到信心；另一方面也需要先锋队积极深入到人民群众之中，正如毛泽东所言，“人民的觉悟不是容易的，要去掉人民脑子中的错误思想，需

①《毛泽东选集》(第4卷)，人民出版社1991年版，第1131页。

要我们做很多切切实实的工作。对于中国人民脑子中的落后的东西，我们要去扫除，就像用扫帚打扫房子一样。从来没有不经过打扫而自动去掉的灰尘。我们要在人民群众中间，广泛地进行宣传教育工作，使人民认识到中国的真实情况和动向，对于自己的力量具备信心”[①]。为此必须密切联系群众，深入了解人民群众的实际情况，注重群众的意见，并以党的集中领导统一人民群众的意见，这样才能制定出符合实际情况和人民群众需求的方针政策，进而能够增强实践的有效性，人民群众就会自觉自愿地拥护党，从而将人民群众引导至阶级觉悟的轨道上来，最终实现阶级利益与人民利益的统一，实现阶级性与人民性的统一。

先锋队的觉悟与人民群众的觉悟的实质就是要将党员干部与人民群众的思想认识统一到党中央制定的路线和政策上来。一方面要求党员干部发挥先锋模范作用，提升思想境界，坚定事业信心，以实际行动践行党的路线；另一方面要紧紧依靠人民，以艰苦卓绝的奋斗赢得人民的支持和拥护。

中国共产党作为“两个先锋队”，只有不断地提高自己的先进性，实现“两个觉悟”，才能够带领中国人

①《毛泽东选集》(第4卷)，人民出版社1991年版，第1131页。

民完成自己的奋斗目标。革命时期是如此，社会主义建设和改革时期更是如此。这也是《愚公移山》所倡导的主题。

三、坚定“去争取胜利”的信心

闭幕词《愚公移山》中传递的一个重要信息就是要坚定信心，就是要解决党员干部和广大人民群众的信心问题，“使全党和全国人民建立起一个信心，即革命一定要胜利”[①]。信念和信心作为实践目的的情感支撑，贯穿于社会实践活动的全过程，对于实践具有能动的反作用。科学的信仰、坚定的信念和充足的信心能够为实践目标的实现提供坚强的精神动力。反之，意志消沉、信念薄弱、信心低落则会对事业造成难以估量的消极后果。我们事业的兴衰成败，在很大程度上取决于信念和信心是否坚定，正如习近平所指出的，“广大党员、干部理想信念坚定、干事创业精气神足，人民群众精神振奋、发愤图强，就可以创造出很多人间奇迹”[②]。坚定的信心来自对成功实践的经验总结，对现实状况的理性认知和对理想社会的价值追求。

坚定的信心来自成功的实践。社会实践是检验人

①《毛泽东选集》(第3卷)，人民出版社1991年版，第1101页。

②《习近平关于社会主义文化建设论述摘编》，中央文献出版社2017年版，第10页。

们认识正确与否的唯一标准，正如马克思所言，“人的思维是否具有客观的真理性，这不是一个理论的问题，而是一个实践的问题”[①]。只有深入实践，科学总结实践经验才能形成正确的认识，进而指导新的实践。《愚公移山》中强调的要对七大确立的关于建立新民主主义中国的路线充满信心的历史根基就在于，这一路线被实践证明是正确的。正如毛泽东在七大口头政治报告中所指出的，七大所确立的路线反映了全国大多数人民要求的路线，“这条路线是从哪里来的呢？是从天上掉下来的吗？不是。是从外国送来的吗？也不是。它是从中国自己的土地上生长出来的。鲁迅讲过：路是人走出来的。我们这条路线，也是中国人民用脚踩成的”[②]。中国共产党领导的革命实践证明了七大路线的正确性，必须坚决贯彻执行，将中国引向光明。

随着中国特色社会主义进入新时代，我们更要坚定对于中国特色社会主义的信心。因为中国特色社会主义也是历经几代中国共产党人在社会实践中艰难探索所形成的，经受住了实践的检验。自鸦片战争以来，中国人一直在寻找救亡图存的道路，君主立宪制、复

①《马克思恩格斯文集》(第1卷)，人民出版社2009年版，第500页。

②《毛泽东文集》(第3卷)，人民出版社1996年版，第315页。

辟帝制、议会制、多党制、总统制都在中国试过了，这些政治实践最终都走向了失败，没能使中国走向独立和富强。最后，中国人民选择了社会主义道路。在建设社会主义的实践中，我们走出了一条具有中国特色的社会主义改造道路，确立了社会主义的基本制度，建立起了比较完整的国民经济体系，这些都是我们在社会主义建设时期取得的辉煌成就。正如习近平所言，“中国特色社会主义，承载着几代中国共产党人的理想和探索，寄托着无数仁人志士的夙愿和期盼，凝聚着亿万人民的奋斗和牺牲，是近代以来中国社会发展的必然选择”[①]。改革开放以来，我们在实践中逐步形成了中国特色社会主义的道路、理论、制度和文化，推动了当代中国社会的发展。正如习近平所指出的，“我对中国发展前景充满信心。为什么有信心？最根本的原因是，经过长期探索，我们已经找到一条适合中国国情的正确发展道路，只要我们紧紧依靠13亿多中国人民，坚定不移走自己的路，我们就一定能战胜一切艰难险阻，不断取得新的成绩，最终实现我们确立的目标”[②]。坚定的信心来自以往中国的成功实践，其背后是

①《十八大以来重要文献选编》（上），中央文献出版社2014年版，第74页。
②《习近平谈治国理政》（第1卷），外文出版社2018年版，第101页。

人民的支持和信任。

坚定的信心来自理性的认知。通过对表象材料加以理性加工，经过去粗取精，去伪存真，由此及彼，由表及里等过程而形成的理性认识，能够把握到事物的发展规律，进而对事物的发展趋势形成理性认知。对事业发展的信心就是来自现实的理性分析，既能够认识到现实的困境，又能够把握到未来的趋势。在《愚公移山》的后半段，毛泽东运用较大的篇幅分析了世界反法西斯战争，认识到日本帝国主义走向失败的必然性；另一方面，对于战后国内形势的复杂性以及中国共产党所面临的困难也作了充分的估计，最终得出“中国人民将要在中国共产党领导之下，在中国共产党第七次大会的路线的领导之下，得到完全的胜利，而国民党的反革命路线必然要失败”[①]的结论。对于现实困境的坦然面对，是必胜信心来源的坚实基础，正如毛泽东在七大上的口头政治报告中所指出的，“我们党现在经常遇到风波，有大风波，中风波，小风波，我们不要怕风波。现在我们的意志更加坚强了，不至于被风波淹没。要在中国这个海里淹死我们党，那是不可能的，也是不会的”[②]。只有认清现实，才能更加踏

①《毛泽东选集》(第3卷)，人民出版社1991年版，第1103页。

②《毛泽东文集》(第3卷)，人民出版社1996年版，第317页。

实地去迎接未来。

坚定的信心来自科学的理论。科学的理论是事物发展的规律性表现，从而也能够指导社会实践，完成预定目标。马克思主义深入剖析了资本主义社会内在的运行方式，揭露了资本主义社会的内在矛盾，指出了社会主义必然取代资本主义的历史发展趋势，描绘出了人类社会发展的美好蓝图。马克思主义既揭示了人类社会发展的一般规律，同时又以实现全人类的解放为己任，是合规律性与合目的性相统一的科学理论体系。以毛泽东为主要代表的中国共产党人，以马克思主义基本原理为指导，紧密结合中国革命实际和中国人民的基本要求而逐步形成了新民主主义理论。在这一科学理论的指引下，中国共产党在领导中国人民进行革命的过程中，不断地从胜利走向胜利。正如毛泽东为七大所作的《论联合政府》的政治报告中所指出的，“反映了全世界无产阶级实践斗争的马克思列宁主义的普遍真理，在它同中国无产阶级和广大人民群众的革命斗争的具体实践相结合的时候，就成为中国人民百战百胜的武器”[①]，有了科学的理论武器，自然就会有取得胜利的坚定信心。

---

① 《毛泽东选集》（第3卷），人民出版社1991年版，第1094页。

随着中国特色社会主义进入新时代，中华民族更加接近民族复兴的伟大目标，但同时又面临着更加严峻的困难和挑战，诸如世界经济增长乏力，地区冲突和动荡不断发生，恐怖主义、网络安全、重大传染性疾病以及气候变化等问题持续蔓延，国内经济发展进入新常态，改革攻坚进入深水区，价值取向日益多元化，生态恶化趋势尚未根本扭转，社会矛盾日益凸显，反腐败斗争形式严峻等重大挑战。因此，我们在解决这些发展中的问题时，首先要解决信心问题，正如习近平总书记所强调的，“遇到了困难，不要埋怨自己，不要指责他人，不要放弃信心，不要逃避责任，而是要一起来战胜困难。历史是勇敢者创造的”①。我们要坚定中国特色社会主义的道路自信、理论自信、制度自信和文化自信，在推进中国特色社会主义事业的伟大进程中实现中华民族伟大复兴的中国梦。

①《习近平谈治国理政》（第 2 卷），外文出版社 2017 年版，第 487 页。

第六章

《纪念白求恩》《为人民服务》和《愚公移山》的影响及意义

《纪念白求恩》《为人民服务》和《愚公移山》等三篇文章虽成作于革命战争年代，但是其内在蕴含的思想推动了毛泽东思想的大众化，深刻影响了一大批中国共产党党员。与此同时，也构建起了以人民为中心的政党文化建设范式。其所倡导的为人民利益而工作的政治本色、毫不利己专门利人的道德情操以及把中国引向光明的历史使命，对于当前中国共产党党员坚持不忘初心，加强党性修养，勇担历史使命仍然具有重要的现实意义。

一、《纪念白求恩》《为人民服务》和《愚公移山》的影响

（一）推动了毛泽东思想的大众化

《纪念白求恩》《为人民服务》和《愚公移山》以其清晰明快的文风和通俗易懂的话语深为广大人民群众所喜欢和接受，其内在蕴含的实事求是、群众路线和独立自主等思想理论质点，对于推动毛泽东思想的大众化具有重要的示范意义。

马克思曾指出，“批判的武器当然不能代替武器的批判，物质力量只能用物质力量来摧毁，但是理论一经掌握群众，也会变成物质力量。理论只要说服人，就能掌握群众；而理论只要彻底，就能说服人”。① 即理论只有为人民群众所掌握才能够化为改造世界的物质力量。

列宁在领导俄国革命的过程中，也十分重视科学理论的作用，他指出，“没有革命的理论，就不会有革命的运动”②。对此，列宁不仅要求无产阶级政党要以科

①《马克思恩格斯文集》（第 1 卷），人民出版社 2009 年版，第 11 页。

②《列宁选集》（第 1 卷），人民出版社 2012 年版，第 153 页。

学的理论武装自己，加强理论学习，指出“革命理论能使一切社会党人团结起来，他们从革命理论中能取得一切信念”[①]，更是要以先进的理论武装工人阶级，使他们认识到自身的使命，自觉地投入到革命之中。不仅如此，列宁还提出了科学理论大众化的路径——“科学灌输”。在列宁看来，工人阶级自身是不能产生社会主义的意识形态的，这一方面是由于工人阶级长期生活在资本主义社会之中，他们的任何活动都是受到资本主义的意识形态所控制的，因为“资产阶级意识形态的渊源比社会主义意识形态久远得多，它经过了更加全面的加工，它拥有的传播工具也多得不能相比”[②]。另一方面则是工人的自发运动只会导致工联主义[③]的倾向，不可能自发形成谋求自身阶级解放和整个人类解放的阶级意识和社会主义的思想，实际上，社会主义学说往往是从有产阶级中有教养的人，即知识分子所创造出来的。因此，对于工人阶级的理论教育要采取从外面灌输给工人。不过在列宁看来，理论灌输并非

①《列宁选集》(第1卷)，人民出版社2012年版，第274页。

②《列宁选集》(第1卷)，人民出版社2012年版，第328页。

③所谓“工联主义”，也称“工会主义”，是19世纪中叶在国际工人运动中所兴起的资产阶级改良主义的思潮，其基本观点包括：劳资利益一致、工会的任务在于争取局部的改良、主张通过调解和仲裁的方式解决劳资争端。

意味着强行地生塞硬注，依靠强力迫使广大群众接受马克思主义。在对全俄国际主义者教师的讲话中，列宁就指出，不能“简单生硬地把政治灌输给尚未准备好接受政治的正在成长的年青一代”①。为此，列宁提出了马克思主义通俗化思想，认为“最马克思主义=（转化）最通俗”②，但是需要强调的是，通俗化并非庸俗化和哗众取宠。在此我们不难看出，列宁对于马克思主义大众化的理解，是在坚持马克思主义基本立场观点和方法的基础之上，提倡“通俗化”，主张用简单明快的表达方式和通俗易懂的语言形式，消除民众理解马克思主义精神实质的思维和语言障碍，同时又力主去“庸俗化”，坚决反对背离马克思主义的科学理论，而降低水准迎合和取媚群众。列宁的这些思想，也对中国共产党推动马克思主义大众化，特别是毛泽东思想大众化具有重要的指导作用。

毛泽东在领导新民主主义革命的进程中，就提出了“大众化”的命题。毛泽东首先确定了大众群体的具体指向，“什么是人民大众呢？最广大的人民，占全人口百分之九十以上的人民，是工人、农民、兵士和

①《列宁全集》（第35卷），人民出版社2017年版，第422页。
②《列宁全集》（第30卷），人民出版社2017年版，第422页。

城市小资产阶级”[①]，这些群体构成了人民大众，也是马克思主义大众化的对象——客体。在毛泽东看来，“大众化”既要在广度上涵盖“大众”的群体，又要在“化”上下功夫，“‘化’者，彻头彻尾彻里彻外之谓也”[②]。质言之，就是既要推动马克思主义的大众化，使抽象深奥的理论阐释变为通俗易懂的理论宣传，又要让人民群众真正接受马克思主义，真正用马克思主义指导自己的实践。而对于大众化的认知，毛泽东也极为深刻地指出，“任何思想，如果不和客观的实际的事物相联系，如果没有客观存在的需要，如果不为人民群众所掌握，即使是最好的东西，即使是马克思列宁主义，也是不起作用的”[③]。实际上，在毛泽东看来，大众化的关键之处还是在于群众化的语言表达，“什么叫做大众化呢？就是我们的文艺工作者的思想感情和工农兵大众的思想感情打成一片。而要打成一片，就应当认真学习群众的语言”[④]。而要推动毛泽东思想的大众化，使毛泽东思想为广大人民群众所理解和掌握，通俗的大众化的语言是沟通理论与大众之间的桥梁，《纪

①《毛泽东选集》(第3卷)，人民出版社1991年版，第855页。
②《毛泽东选集》(第3卷)，人民出版社1991年版，第841页。
③《毛泽东选集》(第4卷)，人民出版社1991年版，第1515页。
④《毛泽东选集》(第3卷)，人民出版社1991年版，第851页。

念白求恩》《为人民服务》和《愚公移山》生动地体现了这一点。

理论话语与大众话语因所面对的目标群体不同而存在主体间距。在领导人民夺取政权和建设政权的过程中，要将自己的理论主张传递给民众，则必须采取大众化的表达形式，这是争取民众支持的必要方式，也是中国共产党一直强调大众化的原因所在。《纪念白求恩》《为人民服务》和《愚公移山》这三篇文章篇幅不长，但向民众传达了为人民服务的政治理念和带领中国走向光明的奋斗目标。其中，“毫不利己专门利人”“为人民利益而死，就比泰山还重”“五湖四海”“要奋斗就会有牺牲”“愚公移山”等等一系列大众化的表达方式，既鼓舞人心，也向社会构建了中国共产党的良好形象，这些词句至今仍然为人们所用，其对民众的影响可见一斑。改革开放以来，伴随着经济市场化的冲击，理论话语与大众话语之间的分野日趋扩大，理论话语所传递的理念不能为大众所理解，特别是在政党文件话语中，其语言使用的“考究”，让广大民众无法读懂，往往需要专家的解读和宣讲来传递。这一方面与政治专业化的发展趋势密切相关，另一方面则暴露出党群关系的紧张状态。转变文风和话风便成为当前大众化的一个突出问题。为此，习近平提出，要纠正长、空、假的文风，提倡短、时、新的文风，“要讲符合实际的话不讲脱离实际的话，讲管用的话不讲虚话，讲有感而发的话不讲无病呻吟的话，讲反映自己判断的话不讲照本宣科的话，讲明白通俗的话不讲故作高深的话”[①]。十八大以来，中国共产党更加注重话语风格的转变，“中国梦”“精准扶贫”“新常态”等政党话语的热频词汇的出现，在社会生活中引起强烈的反响，这就逐渐消弭了理论话语与大众话语的主体间距，提升了中国特色社会主义理论体系的社会认可度。

树立典型、发掘英雄人物形象是《纪念白求恩》《为人民服务》和《愚公移山》的又一特色。通过树立优秀党员形象，将其作为重点对象宣传，使民众受到感染和激励，进而塑造民众的价值观念和行为准则，提升思想理论的社会感召力。如上所述，《纪念白求恩》《为人民服务》和《愚公移山》三篇文章树立了白求恩、张思德等党员标杆，特别是《为人民服务》中的张思德，他自幼生活贫困，6 岁就下地干活，18 岁加入红军，随后参加长征，29 岁因炭窑崩塌而牺牲。在其短暂的一生中，工作不辞劳累，处处起着模

① 《十七大以来重要文献选编》(中)，中央文献出版社 2011 年版，第 672 页。

范带头的作用，这是当时许多共产党员生活境遇的真实写照。通过对张思德式的英雄形象的塑造，既增强了党员的认同感，也塑造了中国共产党在民众心目中崇高的形象。不仅如此，当时中共中央的机关报——《解放日报》也塑造了一大批生活在社会底层、早年生活凄惨的平民英雄形象，有“妇女劳动英雄”马杏儿，①“对生产事业有着高度积极性”的吴满有，②“勤快、忠厚、俭朴、奉公、孝顺”的刘玉厚，③等等。通过对这些平民人物的英雄形象的塑造，在更大范围内发挥了榜样的示范作用，极大地增强了理论的社会影响力。

需要进一步指出的是，毛泽东思想的大众化不仅仅意味着表达形式上的通俗化和表述对象的平民化，其关键之处还在于运用毛泽东思想内在的真理和精神的力量将广大人民群众团结和凝聚起来，使他们认识到中国革命的复杂性和中国共产党的使命，从而坚定对中国前途和命运的信心。在《纪念白求恩》《为人民服务》和《愚公移山》中，不仅是大众化话语的灵活运用，也生动体现了毛泽东思想活的灵魂。

实事求是是中国共产党的思想路线，也是中国共

①《新中国的女儿诞生了》，《解放日报》1942 年 2 月 13 日第 4 版。
②《边区农民向吴满有看齐》，《解放日报》1942 年 4 月 30 日第 1 版。
③《劳动人民的旗帜》，《解放日报》1943 年 5 月 18 日第 4 版。

产党在实践中推进理论创新的重要法宝，毛泽东曾指出，"'实事'就是客观存在着的一切事物，'是'就是客观事物的内部联系，即规律性，'求'就是我们去研究"[①]。概言之，就是不断探寻客观事物的规律，进而推动事物的发展。事前预测、事中反思、事后总结是实事求是的致思方式。这种思考方式是基于社会现实的领会和把握，在现实中去把握现实，揭示出社会发展的内在规律，从而实现合规律性与合目的性的统一，这是历史唯物主义所特有的观察社会发展的思考路向。在《纪念白求恩》《为人民服务》和《愚公移山》中对于现实问题的分析，体现了实事求是的致思理路，特别是在《愚公移山》中对于世界潮流的分析，指出"目前反动的逆流企图压倒民族独立和人民民主的主流，但反动的逆流终究不会变为主流"[②]。实际上，在《纪念白求恩》《为人民服务》和《愚公移山》中所散发出来的浓重的精神气息，包括"对工作极端负责任"的事业观、"为人民利益而死"的道义观以及"不怕牺牲，排除万难"的奋斗观都是在对于现实世界的理性把握的基础上而提炼出来的道德理性。如果离开现实，

①《毛泽东选集》(第3卷)，人民出版社1991年版，第801页。
②《毛泽东选集》(第3卷)，人民出版社1991年版，第1103页。

片面强调精神力量，空谈主观能动性，很容易将《纪念白求恩》《为人民服务》和《愚公移山》理解为一种空洞化的道德说教，也很容易将毛泽东思想教条化和片面化。

群众路线是中国共产党的生命线和根本工作路线。群众路线是历史唯物主义的群众史观的具体表现。一切为了群众、一切依靠群众是对群众历史主体地位的生动阐释，而从群众中来、到群众中去则是中国共产党的基本工作方法和路线。毛泽东在《关于领导方法的若干问题》中就谈道，“在我党的一切实际工作中，凡属正确的领导，必须是从群众中来，到群众中去”[①]，即积极吸取群众分散的无系统的意见，并经过研究，集中化为系统可行的意见落实到群众之中去，落实到实践之中去。在《为人民服务》和《愚公移山》中，就生动地体现了群众路线的工作方法。在《为人民服务》中所谈到的“精兵简政”的意见，就是经由党外人士提出，后来觉得对人民有好处，中国共产党就采用了，并在根据地推行。《愚公移山》中谈到的全党同志要向人民群众宣传和解释七大的路线，就是毛泽东所说的将集中的系统化的意见，“到群众中去作宣传解释，化为群众的意见，

①《毛泽东选集》(第3卷)，人民出版社1991年版，第899页。

使群众坚持下去，见之于行动，并在群众行动中考验这些意见是否正确。然后再从群众中集中起来，再到群众中坚持下去”[①]。只有经过群众实践检验的路线，才能够得到充实和完善。

独立自主，就是要立足于中国实际，紧紧依靠中国人民进行革命和建设。但是无产阶级的革命事业是国际性的事业，还需要各国无产阶级的互相帮助。正如毛泽东在《纪念白求恩》中所谈到的，“我们要和一切资本主义国家的无产阶级联合起来，要和日本的、英国的、美国的、德国的、意大利的以及一切资本主义国家的无产阶级联合起来，才能打倒帝国主义，解放我们的民族和人民，解放世界的民族和人民”[②]。但是，完成这项事业首先还需要各国无产阶级依靠本国人民群众的努力，立足于本国实际，将马克思主义与本国实践相结合，探索出适合本国国情的革命和建设道路。在领导中国新民主主义革命过程中，毛泽东就强调“中国革命斗争的胜利要靠中国同志了解中国情况”[③]，而不能指望外国人，他们的意见可以参考，但是不能照搬。在领导社会主义建设的进程中，毛泽东也

①《毛泽东选集》(第3卷)，人民出版社1991年版，第899页。
②《毛泽东选集》(第2卷)，人民出版社1991年版，第659页。
③《毛泽东选集》(第1卷)，人民出版社1991年版，第115页。

指出“自力更生为主，争取外援为辅，破除迷信，独立自主地干工业、干农业、干技术革命和文化革命，打倒奴隶思想，埋葬教条主义，认真学习外国的好经验，也一定研究外国的坏经验——引以为戒，这就是我们的路线”[①]，始终将事业放在自己力量的基础上，自己探索出适合本国情况的发展道路。在中国这样一个大国，必须要坚持依靠自己的理论指导社会主义建设事业。对此，我们一定要有奋斗到底的决心和事业必胜的信心，而这也是《愚公移山》所强调的精神内涵。《愚公移山》中所强调的就是依靠全国广大人民群众，一起奋斗，挖山不止，去争取胜利；所讲的就是要将事业紧紧地掌握在自己的手中，信任和依靠本国人民的智慧力量，取得和巩固胜利。诚然，中国的革命和建设事业也是世界革命和发展中的一部分，不可能孤立于世界之外。在任何时候，都需要学习国外的对我们有益的先进事物，闭关自守、盲目排外以及任何大国主义的思想行为都是完全错误的。

《纪念白求恩》《为人民服务》和《愚公移山》中所呈现的大众化的表达方式和平民化的人物形象，其内在蕴含的毛泽东思想的活的灵魂，极大地推动了广大

① 《毛泽东文集》（第7卷），人民出版社1999年版，第380页。

人民群众接受和学习毛泽东思想，也正是如此，这三篇文章对广大人民群众的影响也是较为深远的。

（二）影响了一大批中国共产党人

《纪念白求恩》《为人民服务》和《愚公移山》三篇文章中宣扬的“毫不利己专门利人”的白求恩精神，全心全意为人民服务的张思德品格，“下定决心，不怕牺牲，排除万难，去争取胜利”的愚公移山意志，其内在蕴含的话语风格、价值理念和行为规范深刻影响了一代又一代中国共产党人。胡乔木曾指出，“毛主席的著作在群众中影响最大的是《纪念白求恩》《为人民服务》《愚公移山》等几篇。许多学毛主席著作的模范都是学这几篇文章开始的”[①]。许多中国共产党人接触毛泽东思想都是从《纪念白求恩》《为人民服务》和《愚公移山》开始的。

首先，这三篇文章的话语风格深深地影响了一大批中国共产党人。毛泽东在《纪念白求恩》《为人民服务》和《愚公移山》中所用的“毫不利己专门利人”“一个高尚的人，一个纯粹的人，一个有道德的人，

① 《胡乔木文集》（第3卷），人民出版社2012年版，第50页。

一个脱离了低级趣味的人，一个有益于人民的人”“为人民服务”“五湖四海”“愚公移山”等一系列话语为历代中国共产党人在不同的时代背景下所使用。例如，对“五湖四海”的运用，历代中国共产党人总是结合具体的社会历史背景赋予其时代意涵。“五湖四海”在《为人民服务》中所强调的只是政党成员地域来源的多样化，尔后逐步拓展为政见上的多样性和干部选拔任用上的灵活性。改革开放以来，“五湖四海”开始成为处理党内关系的一个重要原则。在 1980 年 2 月 29 日由中共十一届五中全会通过的《关于党内政治生活的若干准则》中明确指出，“党的干部特别是领导干部，在处理党内关系方面要实行‘五湖四海’的原则，这就是说，要团结一切忠实于党的利益的同志，团结大多数”①，这是从增强党内团结意义上使用“五湖四海”。1992 年 9 月 3 日，中共中央通过的《关于加强党的建设　提高党在改革和建设中的战斗力的意见》指出，选拔任用干部时，要“坚持五湖四海，择优而任，防止和纠正用人上的不正之风”②，而这则是从组织路线的层面来使用“五湖四海”。党的十八大以来，更是将

①《三中全会以来重要文献选编》(上)，人民出版社 1982 年版，第 422 页。

②《十三大以来重要文献选编》(下)，人民出版社 1993 年版，第 2190 页。

"五湖四海"原则写入党章。2019年3月，中共中央印发的《党政领导干部选拔任用工作条例》中也指出，选拔任用党政干部必须坚持"德才兼备、以德为先，五湖四海、任人唯贤"的原则。"五湖四海"原则的提出，一方面维护了党内的团结，另一方面则是规范了党员的交往行为，不以地域、个人利益为限，而是以"共同的革命目标"为原则，团结同志，营造良好的党内政治生态。进入新时代，针对党内在一定范围内存在的团团伙伙、拉帮结派的现象，习近平也强调"要坚持五湖四海，团结一切忠实于党的同志，团结大多数，不得以人划线，不得搞任何形式的派别活动"①。"五湖四海"原则的确立，规范了党员的交往行为，为维护党内团结作出了有益的探索。

对"愚公移山"的使用也是如此。在改革开放初期，邓小平就指出，"中国有句话，叫做'愚公移山'，这是我们民族的一个传统"②，并提倡发扬"愚公移山"的奋斗精神，扎实推动改革开放，建设社会主义。在此，邓小平实现了对于"愚公移山"内涵的创造性运用，实现了从毛泽东时代的革命话语语境到改革开放

①《习近平谈治国理政》(第2卷)，外文出版社2017年版，第155页。

②《邓小平文选》(第3卷)，人民出版社1993年版，第232页。

新时期的建设话语语境的转变。青年时期的习近平也是经常阅读《纪念白求恩》《为人民服务》和《愚公移山》。据回忆，青年习近平读到《为人民服务》时，“反复地看，反复地读，爱不释手”[①]。习近平的讲话中，时常可以看到这三篇文章的影子，如用“愚公移山”的事例谈论加强互联互通的伙伴关系；[②]在谈到敬业品质时，习近平也强调，“对待事业要有愚公移山的意志，有老黄牛吃苦耐劳的精神，着眼于大局，立足于小事，真抓实干，务求实效，努力在平凡的岗位上作出不平凡的业绩”[③]。

话语风格的形成是与社会发展诉求和政党价值理念密切相关的。无论是从毛泽东所提出的“全民族的解放”，到习近平所阐发的中华民族伟大复兴的“中国梦”；还是从毛泽东所提倡的对待传统文化要“剔除其封建性的糟粕，吸收其民主性的精华”[④]，到习近平所倡导的“两创”方针，即创造性转化和创新性发展；抑或是毛泽东在《纪念白求恩》中所强调的“共产主义精神”，到习近

① 中央党校采访实录编辑室:《习近平的七年知青岁月》，中共中央党校出版社 2017 年版，第 165 页。

②《十八大以来重要文献选编》(中)，中央文献出版社 2016 年版，第 209 页。

③ 习近平:《之江新语》，浙江人民出版社 2007 年版，第 177 页。

④《毛泽东选集》(第 2 卷)，人民出版社 1991 年版，第 707 页。

平所强调的“共产主义远大理想”。这些都是历代中国共产党在紧密结合当时中国实际的过程中所形成的鲜明的话语风格。这些风格的外在表征就是以民族大义为逻辑起点，以传统文化为主要依托，以共产主义为价值旨归。

其次，这三篇文章所确立的行为规范深深影响了一大批中国共产党人。《纪念白求恩》《为人民服务》和《愚公移山》三篇文章分别树立了白求恩、张思德和愚公三个政治行为模范，为引导党员的行为提供了指引，同时也对偏离这些行为的党员提出了批评和纠正，这在《纪念白求恩》一文中表现得很明显。“不少的人对工作不负责任，拈轻怕重，把重担子推给人家，自己挑轻的。一事当前，先替自己打算，然后再替别人打算。出了一点力就觉得了不起，喜欢自吹，生怕人家不知道。对同志对人民不是满腔热忱，而是冷冷清清，漠不关心，麻木不仁”①。对于这类不敢担当、先己后人等有悖于共产党价值理念的行为，毛泽东在《纪念白求恩》中提出了批评，认为这些行为不是一个纯粹的共产党员所应该具备的，从而纠正党员的非道德主义的实践方式，确保党员的行为模式符合政党的价值理念。进入新时代，习近平更是高度重视党员干部行为

①《毛泽东选集》(第2卷)，人民出版社1991年版，第660页。

方式的确立，指出党员干部要以共产党员的标准来严格要求自己。2017 年 8 月 13 日，习近平以普通党员身份参加所在党支部专题组织生活会时提出，中国特色社会主义事业是一项崇高的事业，广大党员干部要“做一个脱离低级趣味的人、高尚的人”，“在这里工作，升官发财请走别路，贪生怕死莫入此门。榜样是谁呢？张思德、白求恩、焦裕禄、麦贤得，有历史的楷模，也有时代的楷模。这些人都是在普通的岗位上，但他们有一颗金子般发光的心，我希望同志们的参照系就是这些楷模”①。可以说，《纪念白求恩》《为人民服务》和《愚公移山》中所确立的党员行为规范到今天也不过时。通过“毫不利己专门利人”的加拿大共产党员白求恩，“为人民服务”的普通党员张思德，团结奋进的“愚公”等作为标识表现出来的共产党员行为规范，给广大党员干部树立了标杆。

最后，这三篇文章的价值理念深深影响了一大批中国共产党人。《纪念白求恩》《为人民服务》和《愚公移山》这三篇文章，以白求恩、张思德和愚公等人物为典型示范，塑造了“对工作极端负责”的事业观，“为人民利益而死”的道义观和“不怕牺牲，排除万

① 《习近平谈治国理政》（第 2 卷），外文出版社 2017 年版，第 193 页。

难”的奋斗观等以“正能量”为主体形态的价值体系，为中国共产党领导人民完成革命和建设任务过程中提供了基本价值遵循。

一是“对工作极端负责任”的事业观。在《纪念白求恩》中，毛泽东提出，“我们要和一切资本主义国家的无产阶级联合起来……才能打倒帝国主义，解放我们的民族和人民，解放世界的民族和人民”。站在世界历史发展的高度，抱着解放全人类的宏伟理想，来考察中国的现实发展，始终是中国共产党推动社会发展的优良传统。从站起来阶段，毛泽东提出的“三个世界划分”理论，到富起来阶段，邓小平作出的“和平与发展是当今时代主题”的科学研判，再到中国特色社会主义进入新时代，习近平提出的“人类命运共同体”理念，都是基于世界历史发展的宏大格局而规划出的事业发展蓝图。

此外，毛泽东还指出，这种“毫不利己专门利人”的精神，主要表现在“对工作的极端的负责任，对同志对人民的极端的热忱”[①]；在《为人民服务》中还提出“一切革命队伍的人都要互相关心，互相爱护，互相帮助”[②]。这种善利主义的道德实践，就是中国共产党价值观念的生动体现，只有在党内形成优良的党风，才能

①《毛泽东选集》(第2卷)，人民出版社1991年版，第659页。

②《毛泽东选集》(第3卷)，人民出版社1991年版，第1005页。

凝聚共识，推动社会发展。

“对工作极端负责任”的事业观的一种重要表现，就是不断地提升自己的专业技能，正如马克思所言，“在科学上没有平坦的大道，只有不畏劳苦沿着陡峭山路攀登的人，才有希望达到光辉的顶点”①。只有不断追求专业上的精进，才能推动事业的发展；而对于那些藐视技术工作的人，毛泽东也提出了批评，认为白求恩这种精益求精的专业态度，“对于一班见异思迁的人，对于一班鄙薄技术工作以为不足道、以为无出路的人，也是一个极好的教训”②。重视专业态度的培育，是做好一番事业的基石，能够培育政党成员积极向上的心态，提升政党品质。

二是“为人民利益而死”的道义观。道义观是人生观的重要一面，也是道义伦理的重要遵循。所谓道义，乃指道德正义，是人类崇真、向善、求美的力量指引，是人类对于美好生活向往的价值遵守。习近平指出，广大党员干部要不断提升党性修养、思想境界和道德水平，“牢牢占据推动人类社会进步、实现人类美好理想的道义制高点”③。要占据道义制高点，就需把握人类社会发展方向，明确价值导向。在《为人

①《马克思恩格斯文集》(第5卷)，人民出版社2009年版，第24页。
②《毛泽东选集》(第2卷)，人民出版社1991年版，第660页。
③《习近平谈治国理政》(第2卷)，外文出版社2017年版，第35页。

民服务》中，毛泽东为共产党人的道义观写下了生动的注脚。

一方面，确定了党的宗旨。指出“我们这个队伍完全是为着解放人民的，是彻底地为人民的利益工作的”。争取绝大多数人的支持，是占据道义制高点的关键。一个政党要想引领社会发展，一个必要的条件就是具备广泛的代表性，能够代表最广大社会成员的根本利益。在抗日战争时期，中国共产党虽处偏僻之地，却得到了广大人民的拥护，转变为全中国人民的领导力量，其主要原因是共产党还呼吁对中国的贫苦百姓进行社会解放，回应了民族解放复兴的诉求，对人民大众更有说服力。在社会主义建设时期，毛泽东更加强调要“完全”“彻底”地服务人民，“不要半心半意，或三分之二的心三分之二的意为人民服务”[①]。只有完全为人民着想，为人民的利益而工作，才能获取执政的合法性，才能占据道义制高点。

另一方面，指明了共产党员的生死观。指出“为人民利益而死，就比泰山还重；替法西斯卖力，替剥削人民和压迫人民的人去死，就比鸿毛还轻”[②]。这是共产党员生死观的生动要求，生而为实现人民的利益

①《毛泽东文集》（第7卷），人民出版社1999年版，第285页。
②《毛泽东选集》（第3卷），人民出版社1991年版，第1004页。

工作，死而为捍卫人民的利益献身，并将此作为实现人生价值的最高标准和追求。在革命年代，共产党员时刻面临着生死的考验，但他们毫不吝惜自己的生命，“以中国最广大人民的最大利益为出发点的中国共产党人，相信自己的事业是完全合乎正义的，不惜牺牲自己个人的一切，随时准备拿出自己的生命去殉我们的事业”[①]。随着历史的沉淀和社会的发展，为人民利益而奋斗，已经成为中国共产党领导下社会生活的一种德行规范。在引领社会发展过程中，政党的道义观会逐步影响和渗透到社会核心价值观，成为全社会共同遵守的规范，从而推动社会进步。

三是“不怕牺牲，排除万难”的奋斗观。在《愚公移山》中，毛泽东渲染了一种积极乐观、持续奋斗的愚公形象，以此作为党员的奋进标杆。他指出，党员干部们要有信心，下定决心，不怕牺牲，排除万难，去争取抗战的胜利。不仅如此，还要联合人民群众，促进人民群众的觉悟，和人民群众一起并肩作战，争取更大的胜利，为把中国引向光明而奋进。这种乐观向上、积极进取、努力奋斗的心理状态深深地融入中国共产党的文化基因之中。美好生活的愿景，需要

①《毛泽东选集》(第3卷)，人民出版社1991年版，第1096—1097页。

奋斗才能实现。这种奋斗观不仅仅是通向未来美好社会的一种手段，更是人类生存和发展的一种价值性的需求。只有在奋斗中，人的本质力量才能得到充分的展现。正如毛泽东所言，“人没有饿死，就要做革命工作，就要奋斗。一万年以后，也要奋斗”①。奋斗基因也逐渐成为中国共产党政党文化的一大特色。时代的变迁，使得“愚公移山”的政治隐喻发生了变化，“山”不再是“帝国主义”和“封建主义”的两座大山，“移山”中的“革命”色彩也变得暗淡。但是这种奋发向上的精神却为历代中国共产党人所继承。进入新时代，更要坚持艰苦奋斗的作风，诚如习近平所言，“历史只会眷顾坚定者、奋进者、搏击者，而不会等待犹豫者、懈怠者、畏难者”②，也正是在这种奋击拼搏的精神引领下，中国共产党才能够凝聚社会力量，推动中国特色社会主义事业不断从胜利走向胜利。

① 《毛泽东文集》(第7卷)，人民出版社1999年版，第285页。

② 习近平:《决胜全面建成小康社会　夺取新时代中国特色社会主义伟大胜利——在中国共产党第十九次全国代表大会上的报告》，人民出版社2017年版，第69页。

（三）构建了以人民为中心的政党文化建设范式

政党文化是指政党在夺取政权和领导政权建设过程中所形成的理论学说、组织心理、价值体系等观念性文化与以政党的制度规范为主体所形成的行为模式、行为作风等实体性文化的总和。政党文化是政党组织的核心要件，发挥着引领政党政治发展、整合政党价值取向、塑造政党行为模式、凝聚社会共识的重要功能。抗日战争时期是中国共产党发展壮大的重要时期，无论是其领导的人口规模和区域面积，还是其思想引领力、群众组织力和社会感召力较之大革命时期都得到了全面的提升。与此同时，抗日战争时期也是中国共产党政党文化形成的重要时期，这一时期内制定的各项路线方针政策对政党的意识形态、心理品格和行为模式的形成发挥了至关重要的作用。诞生于这一时期的《纪念白求恩》《为人民服务》和《愚公移山》等文章勾勒出的以人民为中心的政党文化建设范式，对于新时代中国共产党政党文化建设具有重要的示范和借鉴意义。

在抗日战争时期，中国共产党的政党文化之所以能够得以构建并发展，占领话语高地，其关键之处在于中国共产党牢牢掌握了当时社会的主要矛盾，即中华民族与日本帝国主义之间的矛盾，积极回应社会诉求，构建出超越各派利益的崇高客体——民族大义的话语体系。自抗战爆发以来，团结起来、一致抗日成为社会共识。社会各界均呼吁以民族大义为重，民族大义成为凝聚社会力量的纽带。中国共产党适时提出了抗日民族统一战线的主张，发出了“动员一切力量争取抗战胜利”的先声，从而抢占了话语高地。《纪念白求恩》《为人民服务》和《愚公移山》正是在这一背景之下创作出来的。值得注意的是，这三篇文章传递了一种开阔的大义和情怀，使得中国共产党把通向政权的道路建立在广泛的民族基础上，而不是狭隘的或严酷的阶级路线上。正是借助于民族大义的符号，中国共产党构建起政党文化的话语体系。

政党文化的演进与本国历史传统息息相关，同时也是本国文化发展的结果。在中国共产党政党文化的话语体系中，传统文化为其表达和传播提供了丰厚土壤。在《纪念白求恩》《为人民服务》和《愚公移山》中，表现为集体主义的道德观念、为人民服务的政治理念和艰苦奋斗的理想信念。这些观念既能够找到马克思主义的理论依据，又能够看到中国传统文化的影响因子，为构建中国共产党政党文化提供了重要依据。

在中国传统社会中，其社会关系的基本构成是以家族为本位的。在这种差序格局中，个人为集体所包围，以家庭、国家、民族为最终实践指向和道德旨趣。《纪念白求恩》中所提倡的学习白求恩“毫无自私自利之心的精神”，要求做“一个高尚的人，一个纯粹的人，一个有道德的人，一个脱离了低级趣味的人，一个有益于人民的人”①，就是将个人的发展置于集体的环境中考量，正确认识到个人只有在集体中、在无私奉献的活动中，其价值才能够发挥最大效用。民本思想在中国传统文化中源远流长，从老子的“圣人无常心，以百姓心为心”，到孟子的“民为贵，社稷次之，君为轻”等思想为后世所继承和发展，成为中国传统农业社会的政治思想。中国共产党将这种传统的“民本思想”提升为全心全意为人民服务的政治理念，无论是《为人民服务》中所提出的“为人民服务”的政治口号，还是在《愚公移山》中提出“我们一定要坚持下去，一定要不断地工作，我们也会感动上帝的。这个上帝不是别人，就是全中国的人民大众”②的“人民上帝说”，就是将人民群众历史主体说与民本思想的合理内核相结合的产物。中华民族是一个勤劳勇敢的民族，艰苦奋斗的精神也

①《毛泽东选集》(第2卷)，人民出版社1991年版，第660页。
②《毛泽东选集》(第3卷)，人民出版社1991年版，第1102页。

是民族的优秀基因，“自强不息”的奋斗精神更是深深植入民族的血脉之中。“愚公移山”本是中国传统的寓言故事，而在毛泽东写就的《愚公移山》中，为这则寓言故事注入了坚强的秉性，将帝国主义和封建主义比喻为两座大山，只要坚持不懈、持续奋斗，就能够挖平这两座大山。这些都是对传统文化的创新表述，构成了具有民族特点的政党文化话语体系，推动了政党文化的塑造和传播。

政党文化在形成的过程中蕴含着人们对于美好生活的向往和追求，并渐渐将这种追求变成不同层次的理想目标，进而影响和鼓舞党内成员及其追随者。政党文化的形成需要理想的奠基，其发展也需要理想的传承。政党文化给予理想的指导，一般分为两个层次，一方面是最高理想的追求，给人形成终身的奋斗目标；另一方面是近期的理想和目标，指导人不断奋进。在《纪念白求恩》《为人民服务》和《愚公移山》中，既有最高理想的追求，如在《纪念白求恩》中提倡的共产主义精神，也有在《为人民服务》和《愚公移山》中寻求“全民族的解放”和“建设一个新民主主义的中国，把中国引向光明”[①] 的奋斗目标。这些远大理想和近期奋斗目标一方面影响和塑造了党员的个人理想，

① 《毛泽东选集》（第3卷），人民出版社1991年版，第1103页。

从而形成了推动中国共产党发展的共同精神动力；另一方面通过中国共产党的社会活动，把自身的理想追求传递给社会大众，并通过自己的实践，为广大人民群众所认同和接受，进而成为全社会共同奋斗的目标。

政党成员是构成政党有机体的细胞，而政党成员的行为作风直接决定了政党形象。政党成员政治行为的发生，是源于对政党文化的把握、理解和体会的基础之上而形成的。可以说，政党文化对于党内成员的行为方式具有规制和塑造作用。这一方面表现在党章党规的“硬性”约束，另一方面则体现为价值引导、情感培育等“软性”控制。《纪念白求恩》《为人民服务》和《愚公移山》三篇文章，主要从行为准则的匡正、党内关系的调试和文化标识的塑造等三个方面构建了以党员群众为载体支撑的行为模式，这是政党文化的外在表现。

第一，提供行为准则，匡正党员的政治行为。政党文化通过价值引领、情感沟通和观念塑造等方式，向政党成员发出行动指令。这种指令一方面使党员通过价值取向或情感选择而执行指令，将自己融入政党的系统之中；另一方面则表现为对于党员政治行为的一种纠偏（抑或匡正），以防止其偏离政党文化的价值框架。在这三篇文章中，分别树立了“毫不利己专门利人”“对技术精益求精”的白求恩，“为人民服务”的张思德以及持续奋斗的“愚公”等光辉典范，为党员的行为方式提供了范例。与此同时，对于背离这种价值观或者范例的行为方式提出了批评警告，如在《纪念白求恩》中，毛泽东就对那种自私自利的党员（其主要表现为：一事当前，先替自己打算，然后再替别人打算；出了一点力就觉得了不起，喜欢自吹，生怕人家不知道；对同志对人民不是满腔热忱，而是冷冷清清，漠不关心，麻木不仁）提出了批评，以此来匡正党员的行为。

第二，坚持“五湖四海”，协调党员的交往行为。在现实的政治生活中，党员的政治行为是具有一定的目的取向的。从生物学意义上看，任何个体行为的目的在于追求自身的利益，实现其利益的最大化；而从社会学意义上看，人总是受到一定社会关系的制约，在与他人和社会的交往过程中，个体与他人和社会形成了复杂的利益网络，特别是在政党内部，因特殊利益而结成的各种小团体，将会不断地冲击和破坏政党的运行系统。如何有效应对这一现象，既要有制度性的规范，又要有价值性的引导。在《为人民服务》中，毛泽东为解决这一问题，提出了“五湖四海”的理念，“我们都是来自五湖四海，为了一个共同的革命目标，走到一起来了”[①]。

① 《毛泽东选集》（第 3 卷），人民出版社 1991 年版，第 1005 页。

“五湖四海”的蕴意，不仅仅指地理意义上的广泛性，更应该包括政见上的包容性，正如毛泽东在《关于若干历史问题的决议》草案的说明中所讲的，“党是政治团体，不是家族或职业团体，党员都是来自五湖四海，因为政见相同结合起来的。政见不同就要有争论，争论时要分清界限”[①]。在更高的层次上，“五湖四海”原则还应囊括干部选拔任用上的多样性，其目的在于维护党内团结，杜绝党内小山头、小团体、小圈子的存在。

第三，树立文化标识，彰显党员的良好形象。不同的政党文化因其价值判断不同，催生出不同的行为模式而展现出不同的形象。成熟的政党文化能够塑造本党特色的身份标识，以此来凸显党员形象，进而向社会传递政党的价值追求和文化理念。与西方政党注重候选人的相貌、口才和性格等外在形象的塑造不同，中国共产党更加注重政党形象的实质性提升，这包括政党的执政形象、组织形象和作风形象。在《纪念白求恩》《为人民服务》和《愚公移山》中主要体现的是政党的组织形象和党员的作风形象。组织形象主要是指党内团结形象，在《愚公移山》中表现得尤为明显。这是毛泽东在中共七大闭幕式上的讲话，其开篇第一

① 《毛泽东文集》（第 3 卷），人民出版社 1996 年版，第 283—284 页。

段在谈到会议结果的时候，就谈到“我们开了一个胜利的大会，一个团结的大会”。自此以后，中共历次党代会闭幕词都会出现“胜利”“团结”的字眼，这成为塑造党内团结形象的经典表述。除此之外，在《为人民服务》中提出的“五湖四海”的原则也是塑造党内团结形象的重要手段。党员的作风形象是通过“毫不利己专门利人”的加拿大共产党员白求恩，“为人民服务”的普通党员张思德和作为整个党员形象代表的团结奋进的“愚公”所体现出来的。通过这种形象的塑造，党员的身份标识开始展现，使民众认识到共产党员就在人民群众之中，是为人民利益而工作的，从而形成了具有鲜明的中国共产党特色的行为模式。

政党文化在其发展的过程中，逐渐孕育出一种品格，这种品格通过党员的行动展现出来，从而增强了政党的辨识度，中国共产党以“毫不利己专门利人”的共产主义精神和“为人民服务”的政治理念等简明的文化品格，阐明了复杂的党际差异。与此同时，这些文化品格又反过来指引与调试共产党员的行为模式，将其塑造为一个合乎共产党价值理念的党员。

政党文化一方面塑造着政党自身的制度规范、价值理念和行为风格，另一方面也对社会文化的培育和发展产生一定的影响。良性的政党文化能够以其先进性的品格和优势性的政治地位引领社会文化的发展。这种实现机制，正如毛泽东所言，“只要我们党的作风完全正派了，全国人民就会跟我们学”①。政党文化也是通过塑造党员的价值理念和行为方式，从而带动社会文化的发展。然而，政党文化作为一种精英文化要引领社会文化的发展，首先需要为民众所理解、接受和认同。《纪念白求恩》《为人民服务》和《愚公移山》三篇文章，通过政党话语的大众表达、人民英雄的形象塑造，构建出以人民为中心的开放性政党文化体系，发挥着政党文化凝聚社会共识、推动社会发展的功能。

在这三篇文章中，通过大众化的语言和平民化的模范的外在表现，以及内在蕴含的以人民为中心的价值体系，缩小了中国共产党与民众的距离，提升了民众对于中国共产党的认同感。在党与人民的良性互动中，基于人民为中心的主体间开放性政党文化体系也逐步建立起来。在现代社会，政党的生存与发展更加依赖于民众的认同和支持。作为代表先进文化前进方向的中国共产党，更要注重自身政党文化的提升，在与民众的双向互动中，承担起引领中国社会发展的政治责任。

①《毛泽东选集》(第3卷)，人民出版社1991年版，第812页。

二、《纪念白求恩》《为人民服务》和《愚公移山》的现实意义

《纪念白求恩》《为人民服务》和《愚公移山》存在着内在的递进关系,《纪念白求恩》强调党员要励志修身，培育毫不利己专门利人的精神，做一个有利于人民的人，更加注重党员的内在要求;《为人民服务》则强调党员的行为标准，即以人民的利益为中心，更加强调党员的外在表现；而《愚公移山》则是这两种要求的最终结果，就是感动人民这个上帝，带领人民群众一起挖山不止，最终将中国引向光明。这一递进关系对于我们在新时代坚持不忘初心、加强党性修养、坚持永远奋斗具有重要的启示。

（一）坚持不忘初心，牢记共产党人的使命

“初心”意为“本真，本原”。对于“初心”的思索与追问，是对于事物本质意义上的哲学思考。在历史的重要关头，不断地追问本源，加强“初心”教育是中国共产党优良的政治传统。在抗日战争爆发初期，

毛泽东就强调要坚决领导好民主革命，为社会主义胜利创造条件，指出“现在的努力是朝着将来的大目标的，失掉这个大目标，就不是共产党员了。然而放松今日的努力，也就不是共产党员”[①]。这个“大目标”，归根结底就是为了争取中国人民的解放，实现人的自由全面的发展。而这也是中国共产党成立时的“初心”。在抗日战争进入局部反攻阶段，毛泽东又强调了党的“初心”，明确指出“我们这个队伍完全是为着解放人民的，是彻底地为人民的利益工作的”[②]。在解放战争行将取得全面胜利、新中国成立前夕，毛泽东在七届二中全会中再次强调，我们就要在全国胜利了，但这只是万里长征的第一步，提出了“两个务必”的思想。不仅如此，在进京之前，他还以李自成的反例来告诫全党，不要学李自成，要牢记为什么而革命，为谁而革命。

在《纪念白求恩》《为人民服务》和《愚公移山》三篇文章中，对于共产党人“初心”的阐述既简明又完备，其中的精髓就是要为人民服务。正如习近平所说的，“为中国人民谋幸福，为中华民族谋复兴，是中国

①《毛泽东选集》（第 1 卷），人民出版社 1991 年版，第 276 页。
②《毛泽东选集》（第 3 卷），人民出版社 1991 年版，第 1004 页。

共产党人的初心和使命”[①]。不忘初心，就是要坚定以人民为中心，紧紧依靠人民，诚如《愚公移山》中所提出的“人民上帝说”，只有紧紧依靠人民，努力奋斗，感动人民群众，才能够带领人民一起移除大山。坚持不忘初心，就是要自觉地接受人民的批评。正如在《为人民服务》中所谈到的，“因为我们是为人民服务的，所以，我们如果有缺点，就不怕别人批评指出。不管是什么人，谁向我们指出都行。只要你说得对，我们就改正。你说的办法对人民有好处，我们就照你的办”。革命工作要接受人民的检验，社会主义建设也是如此。习近平强调要“始终接受人民群众批评和监督，心中常思百姓疾苦，脑中常谋富民之策，使我们党永远赢得人民群众信任和拥护，使我们的事业始终拥有不竭的力量源泉”[②]。可以说，不忘初心，是对中国共产党优良政治传统的赓续；不忘初心，作为一种致思方式，实现了时间维度上对于中国共产党优秀传统的重新认知和发掘，进而从中凝聚精神力量，在新时代继续前进。

不忘初心，也是对现实问题的历史沉思。短时期碎片化地观察历史事件，是不能够把握历史发展总趋

① 习近平：《在庆祝改革开放 40 周年大会上的讲话》，人民出版社 2018 年版，第 24 页。

②《习近平谈治国理政》(第 2 卷)，外文出版社 2017 年版，第 53 页。

势的。只有通过对长时期的历史观察总结，才能够把握历史发展的趋势和结构。实际上，只有从大历史的角度，才能够厘清和把握住世界历史的发展脉络和演变趋向。当今世界正经历百年未有之大变局，世界格局正在经历又一次大变革，如何认清当今世界？习近平对此作了深入的思考，他认为，“回答这个问题，首先要弄清楚一个最基本的问题，就是我们从哪里来、现在在哪里、将到哪里去”？[①] 这种本质意义上的追问，体现了习近平深刻的历史思维。也只有在本源意义上的历史追问，才能够把握现实问题，进而更加从容地应对。对于国家和民族问题的思考，习近平也是如此，他认为，“一个民族、一个国家，必须知道自己是谁，是从哪里来的，要到哪里去，想明白了、想对了，就要坚定不移朝着目标前进”[②]。对于党的问题，习近平也是运用同样的思考方式，在建党 95 周年大会上的讲话中指出，“一切向前走，都不能忘记走过的路；走得再远、走到再光辉的未来，也不能忘记走过的过去，不能忘记为什么出发”[③]，并且将“不忘初心，继续前进”

①《习近平谈治国理政》（第 2 卷），外文出版社 2017 年版，第 537 页。
②《习近平谈治国理政》（第 1 卷），外文出版社 2018 年版，第 171 页。
③ 习近平：《在庆祝中国共产党成立 95 周年大会上的讲话》，人民出版社 2016 年版，第 8 页。

作为自己的讲话主题。可以说，以《纪念白求恩》《为人民服务》和《愚公移山》等三篇文章中确立的为人民服务，紧紧依靠人民，将中国引向光明，为人民谋福祉的初心和使命，值得我们坚守；而围绕着“初心”所进行的哲学致思和历史沉思，则是我们把握现实问题的重要认识工具。

（二）加强党性修养，永葆共产党人的本色

党性是一个政党固有的本性。政党由于其代表着不同的阶级利益而具有不同的党性。党性原则是每个政党在政治生活中都高度重视的政治原则。对于中国共产党而言，良好的党性修养，就是要具备高尚的道德情操、为人民服务的精神追求和坚定的理想信念。

在《纪念白求恩》中，毛泽东就指出了共产党员要做“一个高尚的人，一个纯粹的人，一个有道德的人，一个脱离了低级趣味的人，一个有益于人民的人”。然而，现实生活纷繁复杂，要做到这些确实是不容易的，需要不断地学习，在实践中磨砺。正如习近平所指出的，“干部的党性修养、思想觉悟、道德水平不会随着党龄的积累而自然提高，也不会随着职务的升

迁而自然提高，而需要终生努力”[①]。如何在现实生活中锤炼自己的道德品质，习近平指出，要用党章和共产党员的标准来严格要求自己。他特别强调要牢固树立党章意识，认为党章是党的根本大法，是全党必须遵循的总规矩。因此，广大共产党员也应该经常对照党章来检查自己的言行，在不断地反思中加强党性修养，陶冶道德情操，永葆共产党人的政治本色。提升党员的道德修养的另一个方向，就是对照共产党员的楷模，严格要求自己。2017 年 8 月 13 日，习近平在以普通党员身份参加所在党支部专题组织生活会时指出，党员同志们要以白求恩、张思德和焦裕禄等人为榜样，提升道德境界，积极投入到伟大事业之中。

坚持为人民服务，是中国共产党推动事业发展的根本立足点和出发点，是共产党员的政治本色，也是共产党员党性修养的衡量标准。无论是《纪念白求恩》中提出的要做一个“有利于人民的人”的标准，还是《为人民服务》中所强调的人民利益的是非标准，抑或是《愚公移山》中所推崇的“人民上帝说”，其所指向的是站稳人民立场的基础上加强党性修养。习近平指出，“党

①《习近平谈治国理政》，外文出版社 2014 年版，第 417 页。

性和人民性从来都是一致的、统一的"[①]，这是由共产党自身的属性所决定的。为争取绝大多数人的平等和解放，实现人的自由而全面的发展，始终是共产党人孜孜以求的目标，这是篆刻在共产党人身上最鲜明的政治标识。为人民服务，是中国共产党人最深沉的政治情感。从毛泽东强调的"我们一切工作干部，不论职位高低，都是人民的勤务员"[②]，到邓小平接受采访时深情地说道，"我是中国人民的儿子，我深情地爱着我的祖国和人民"[③]，再到习近平"我将无我，不负人民"的内心告白，都是对于人民情感的时代传承，而这也是解读中国共产党为什么"能"的基因密码。

坚定的理想信念是中国共产党带领中国人民取得事业成功的重要秘诀。历届党的领导人都高度重视理想信念的作用。毛泽东在抗日战争时期强调党的任务时就指出，"共产党人决不抛弃其社会主义和共产主义的理想"[④]。在中国革命和建设的过程中，毛泽东也是高度重视信心和信念的重要作用，在《愚公移山》中不仅强调要坚定信心，而且也更要坚定行动的信念，为

①《习近平谈治国理政》(第 1 卷)，外文出版社 2018 年版，第 154 页。

②《毛泽东文集》(第 3 卷)，人民出版社 1996 年版，第 243 页。

③《邓小平思想年编：1975—1997》，中央文献出版社 2011 年版，第 349 页。

④《毛泽东选集》(第 1 卷)，人民出版社 1991 年版，第 259 页。

革命和建设注入了激情，通过给予希望和信念来赢得人民的支持。邓小平在总结社会主义建设经验的同时，也高度重视理想信念的作用，他指出，“我们多年奋斗就是为了共产主义，我们的信念理想就是要搞共产主义。在我们最困难的时期，共产主义的理想是我们的精神支柱，多少人牺牲就是为了实现这个理想”①。随着改革开放的深入发展，江泽民提出了中国特色社会主义共同理想，阐明了理想与现实的辩证关系，指出“忘记远大理想而只顾眼前，就会失去前进方向；离开现实工作而空谈远大理想，就会脱离实际”②。进入新世纪，胡锦涛提出了社会主义核心价值体系，并指出“成就伟大的事业，需要坚如磐石的理想信念，需要坚不可摧的思想基础，需要坚定不移的奋进力量”③。进入新时代，习近平更是首次将理想信念提升到“总开关”和“高于天”的高度，进而凝练出社会主义核心价值观，以作为理想信念的价值指导和具体载体。中国共产党人的理想信念不仅仅只是关注个人层面的修身养性，更不能只是对于个人利益的斤斤计较，否则只会沦为功利主义，归根到底还是要以整体利益为美好愿

①《邓小平文选》(第3卷)，人民出版社1993年版，第137页。
②《江泽民文选》(第3卷)，人民出版社2006年版，第293页。
③《胡锦涛文选》(第3卷)，人民出版社2016年版，第365页。

景。也是基于此，习近平提出了“中国梦”的理念，指出“中国梦是国家的、民族的，也是每一个中国人的。国家好、民族好，大家才会好”[①]，从而实现了个人与整体的辩证统一，共同理想与个人理想的融合共生。

（三）坚持永远奋斗，担负共产党人的责任

承担起历史责任是任何政党在政治活动中所无法避免的政治义务，也是民族国家与全体人民对于政党活动的高度期待，而这种内部驱力和外在压力的双重动力则要求政党具备高度的政治自觉。中国共产党的责任担当是由其先锋队的性质规定，共产主义的最高目标引领，民族脊梁的核心地位和模范作用以及内在的纪律规章制度所形成的综合产物，这种责任是对于国家和民族发展、人民美好生活期待、政党自身建设和人类美好未来的担当。

毛泽东在《为人民服务》中指出，“中国人民正在受难，我们有责任解救他们，我们要努力奋斗”，这是中国共产党人勇于承担历史责任的政治宣言。在《愚公移山》中，毛泽东针对抗战胜利后中国面临着两个

①《习近平谈治国理政》，外文出版社 2014 年版，第 49 页。

前途、两种命运的关键抉择时，也强调了我们共产党人要敢于承担起历史使命，要有革命担当，挖掉帝国主义和封建主义这两座大山，将中国引向光明。正如毛泽东所要求的，“每个共产党员都应为此而奋斗，绝对不能半途而废”[①]。正是由于中国共产党勇于承担历史责任，持续不断地奋斗，带领中国人民完成了“站起来”的历史成就。中华人民共和国成立前夕，毛泽东就号召广大党员同志们要戒骄戒躁，继续努力，善于建设一个新世界，要“永远保持艰苦奋斗的作风”。在社会主义建设时期，随着党的八大所确立的“既反保守又反冒进，在综合平衡中稳步前进”的经济建设方针，毛泽东更加强调要坚持奋斗，指出“艰苦奋斗是我们的政治本色”。正是经过持续不断的努力，为中华民族实现从“站起来”到“富起来”的跨越奠定了坚实的基础。

在领导改革开放的历史进程中，邓小平在总结改革经验时，肯定了经济发展的成就，同时也指出工作的失误在于教育方面，特别是“没有告诉人民，包括共产党员在内，应该保持艰苦奋斗的传统”[②]，并在

① 《毛泽东选集》(第2卷)，人民出版社1991年版，第651页。
②《邓小平文选》(第3卷)，人民出版社1993年版，第290页。

1992 年南方谈话中强调要勇于担当，指出“从现在起到下世纪中叶，将是很要紧的时期，我们要埋头苦干。我们肩膀上的担子重，责任大啊”！[①] 进入新世纪，随着中国特色社会主义市场经济体制的逐步建立，经济市场化对党内带来的冲击也逐步显现，一些干部精神空虚、萎靡不振，贪图享乐、骄奢淫逸的思想滋长起来，对此江泽民指出，“我们党的性质、宗旨和肩负的历史使命，决定了党必须坚持艰苦奋斗的政治本色。这是党不断前进的强大精神支柱”[②]。伴随着中国经济发展进入快车道，中国特色社会主义取得了历史性的成就，中国逐步成为世界第二大经济体，面对这些成就，胡锦涛认为，越是在形势好的时候，越是要增强忧患意识，并提出广大党员“一定要居安思危、增强忧患意识，一定要戒骄戒躁、艰苦奋斗，一定要刻苦学习、埋头苦干，一定要加强团结、顾全大局”[③] 等“四个一定要”的要求。越是到历史的关键节点，中国共产党就越要强调艰苦奋斗，敢于担当，这是党的优良的政治传统。

随着中国特色社会主义进入新时代，中华民族已

①《邓小平文选》(第 3 卷)，人民出版社 1993 年版，第 383 页。

②《江泽民文选》(第 3 卷)，人民出版社 2006 年版，第 330 页。

③《胡锦涛文选》(第 3 卷)，人民出版社 2016 年版，第 18 页。

经站在了从富起来到强起来新的历史起点上，中国正在日益靠近世界舞台的中心，中华民族也日益接近民族伟大复兴的目标，中国共产党也更加有能力和信心实现这一目标。在这一个全新的历史基础之上，中国共产党人更要勇于承担起自己的历史责任，正如习近平所指出的，一代人有一代人的长征，一代人有一代人的担当，“今天，历史的接力棒传到了我们手里，责任重于泰山。全党一定要紧密团结起来，敢于担当、埋头苦干，团结带领全国各族人民，以与时俱进、时不我待的精神不断夺取新胜利，不断完善和发展中国特色社会主义，不断为人类和平与发展的崇高事业作出新的更大的贡献”①。基于此，广大共产党员，特别是党的领导干部要敢于担当责任，勇于直面矛盾，善于解决问题。而解决所有问题的关键，还是要努力奋斗，正如习近平在纪念胡耀邦诞辰100周年座谈会上的讲话中所指出的，“一切伟大的成就都是接续奋斗、接力探索的结果，一切伟大的事业都需要在承前启后、继往开来中推进”。强化政党的责任担当意识的目的在于实现公共权力、政治责任和历史使命的统一，这是中国共产党对于共产党执政规律认识的深化，也是其对

①《习近平谈治国理政》(第2卷)，外文出版社2017年版，第14页。

于自身建设的新的探索，更是中国共产党从政党治理向国家治理，并扩展到全球治理的认识深化。全新的责任规定了新时代中国共产党的历史地位，即从革命到执政再到全面治国理政，进而推动人类发展。

艰苦奋斗是中华民族的传统美德，也是中国共产党不断从胜利走向胜利的传家宝，凝聚民心的精神力量，实现中国梦的重要保证。无论是从社会整体层面所发出的“撸起袖子加油干”的口号，抑或是在人生观层面所提出的“奋斗本身就是一种幸福，只有奋斗的人生才称得上幸福的人生”，都是基于历史责任基础上的深沉阐发。政党的发展、国家的富强和民族的复兴，都离不开艰苦奋斗，正如习近平所言，“幸福是奋斗出来的”。中国共产党靠奋斗创业，也是在持续不断的奋斗之中走向强大、创造辉煌。我们要从既往的奋斗史中汲取不断前进的精神力量，以永远奋斗的精神，以革命到底的状态，奋力走好新时代的长征路，进行伟大斗争，建设伟大工程，推进伟大事业，实现伟大梦想，开辟中华民族伟大复兴的新篇章。

附 录

《纪念白求恩》《为人民服务》和《愚公移山》原文

纪念白求恩

（一九三九年十二月二十一日）

白求恩[1]同志是加拿大共产党员，五十多岁了，为了帮助中国的抗日战争，受加拿大共产党和美国共产党的派遣，不远万里，来到中国。去年春上到延安，后来到五台山工作，不幸以身殉职。一个外国人，毫无利己的动机，把中国人民的解放事业当作他自己的事业，这是什么精神？这是国际主义的精神，这是共产主义的精神，每一个中国共产党员都要学习这种精神。列宁主义认为：资本主义国家的无产阶级要拥护殖民地半殖民地人民的解放斗争，殖民地半殖民地的无产阶级要拥护资本主义国家的无产阶级的解放斗争，世界革命才能胜利[2]。白求恩同志是实践了这一条列宁主义路线的。我们中国共产党员也要实践这一条路线。我们要和一切资本主义国家的无产阶级联合起来，要和日本的、英国的、美国的、德国的、意大利的以及一切资本主义国家的无产阶级联合起来，才能打倒帝国主义，解放我们的民族和人民，解放世界的民族和人民。这就是我们的国际主义，这就是我们用以反对狭隘民族主义和狭隘爱国主义的国际主义。

白求恩同志毫不利己专门利人的精神，表现在他对工作的极端的负责任，对同志对人民的极端的热忱。每个共产党员都要学习他。不少的人对工作不负责任，拈轻怕重，把重担子推给人家，自己挑轻的。一事当前，先替自己打算，然后再替别人打算。出了一点力就觉得了不起，喜欢自吹，生怕人家不知道。对同志对人民不是满腔热忱，而是冷冷清清，漠不关心，麻木不仁。这种人其实不是共产党员，至少不能算一个纯粹的共产党员。从前线回来的人说到白求恩，没有一个不佩服，没有一个不为他的精神所感动。晋察冀边区的军民，凡亲身受过白求恩医生的治疗和亲眼看过白求恩医生的工作的，无不为之感动。每一个共产党员，一定要学习白求恩同志的这种真正共产主义者的精神。

白求恩同志是个医生，他以医疗为职业，对技术精益求精；在整个八路军医务系统中，他的医术是很高明的。这对于一班见异思迁的人，对于一班鄙薄技术工作以为不足道、以为无出路的人，也是一个极好的教训。

我和白求恩同志只见过一面。后来他给我来过许多信。可是因为忙，仅回过他一封信，还不知他收到没有。对于他的死，我是很悲痛的。现在大家纪念他，可见他的精神感人之深。我们大家要学习他毫无自私自利之心的精神。从这点出发，就可以变为大有利于人民的人。一个人能力有大小，但只要有这点精神，就是一个高尚的人，一个纯粹的人，一个有道德的人，一个脱离了低级趣味的人，一个有益于人民的人。

注释：

[1] 白求恩即诺尔曼·白求恩（一八九〇——一九三九），加拿大共产党党员，著名的医生。一九三六年德意法西斯侵犯西班牙时，他曾经亲赴前线为反法西斯的西班牙人民服务。一九三七年中国的抗日战争爆发，他率领加拿大美国医疗队，于一九三八年初来中国，三月底到达延安，不久赴晋察冀边区，在那里工作了一年多。他的牺牲精神、工作热忱、责任心，均称模范。由于在一次为伤员施行急救手术时受感染，一九三九年十一月十二日在河北省唐县逝世。

[2] 参见列宁《民族和殖民地问题提纲初稿》和《民族和殖民地问题委员会的报告》(《列宁全集》第 39 卷，人民出版社 1986 年版，第 159—166、229—234 页)。

（本文选自《毛泽东选集》(第 2 卷)，人民出版社 1991 年版，第 659—661 页）

为人民服务*

（一九四四年九月八日）

我们的共产党和共产党所领导的八路军、新四军，是革命的队伍。我们这个队伍完全是为着解放人民的，是彻底地为人民的利益工作的。张思德[1]同志就是我们这个队伍中的一个同志。

人总是要死的，但死的意义有不同。中国古时候有个文学家叫做司马迁的说过："人固有一死，或重于泰山，或轻于鸿毛。"[2]为人民利益而死，就比泰山还重；替法西斯卖力，替剥削人民和压迫人民的人去死，就比鸿毛还轻。张思德同志是为人民利益而死的，他的死是比泰山还要重的。

因为我们是为人民服务的，所以，我们如果有缺点，就不怕别人批评指出。不管是什么人，谁向我们指出都行。只要你说得对，我们就改正。你说的办法对人民有好处，我们就照你的办。"精兵简政"这一条

* 这是毛泽东在中央警备团追悼张思德的会上的讲演。

意见，就是党外人士李鼎铭[3]先生提出来的；他提得好，对人民有好处，我们就采用了。只要我们为人民的利益坚持好的，为人民的利益改正错的，我们这个队伍就一定会兴旺起来。

我们都是来自五湖四海，为了一个共同的革命目标，走到一起来了。我们还要和全国大多数人民走这一条路。我们今天已经领导着有九千一百万人口的根据地[4]，但是还不够，还要更大些，才能取得全民族的解放。我们的同志在困难的时候，要看到成绩，要看到光明，要提高我们的勇气。中国人民正在受难，我们有责任解救他们，我们要努力奋斗。要奋斗就会有牺牲，死人的事是经常发生的。但是我们想到人民的利益，想到大多数人民的痛苦，我们为人民而死，就是死得其所。不过，我们应当尽量地减少那些不必要的牺牲。我们的干部要关心每一个战士，一切革命队伍的人都要互相关心，互相爱护，互相帮助。

今后我们的队伍里，不管死了谁，不管是炊事员，是战士，只要他是做过一些有益的工作的，我们都要给他送葬，开追悼会。这要成为一个制度。这个方法也要介绍到老百姓那里去。村上的人死了，开个追悼会。用这样的方法，寄托我们的哀思，使整个人民团结起来。

注释

[1]张思德，四川仪陇人，中共中央警备团的战士。他在一九三三年参加红军，经历长征，负过伤，是一个忠实为人民服务的共产党员。一九四四年九月五日在陕北安塞县山中烧炭，因炭窑崩塌而牺牲。

[2]司马迁，中国西汉时期著名的文学家和历史学家，著有《史记》一百三十篇。此处引语见《汉书·司马迁传》中的《报任少卿书》，原文是："人固有一死，死有重于泰山，或轻于鸿毛。"

[3]李鼎铭（一八八一——一九四七），陕西米脂人，开明绅士。他在一九四一年十一月陕甘宁边区第二届参议会上提出"精兵简政"的提案，并在这次会议上当选为陕甘宁边区政府副主席。

[4]这是指当时陕甘宁边区和华北、华中、华南各抗日根据地所拥有的人口的总数。

（本文选自《毛泽东选集》（第3卷），人民出版社1991年版，第1004—1006页）

愚公移山*

（一九四五年六月十一日）

我们开了一个很好的大会。我们做了三件事：第一，决定了党的路线，这就是放手发动群众，壮大人民力量，在我党的领导下，打败日本侵略者，解放全国人民，建立一个新民主主义的中国。第二，通过了新的党章。第三，选举了党的领导机关——中央委员会。今后的任务就是领导全党实现党的路线。我们开了一个胜利的大会，一个团结的大会。代表们对三个报告[1]发表了很好的意见。许多同志作了自我批评，从团结的目标出发，经过自我批评，达到了团结。这次大会是团结的模范，是自我批评的模范，又是党内民主的模范。

大会闭幕以后，很多同志将要回到自己的工作岗位上去，将要分赴各个战场。同志们到各地去，要宣传大会的路线，并经过全党同志向人民作广泛的解释。

---

* 这是毛泽东在中国共产党第七次全国代表大会上的闭幕词。

我们宣传大会的路线，就是要使全党和全国人民建立起一个信心，即革命一定要胜利。首先要使先锋队觉悟，下定决心，不怕牺牲，排除万难，去争取胜利。但这还不够，还必须使全国广大人民群众觉悟，甘心情愿和我们一起奋斗，去争取胜利。要使全国人民有这样的信心：中国是中国人民的，不是反动派的。中国古代有个寓言，叫做“愚公移山”。说的是古代有一位老人，住在华北，名叫北山愚公。他的家门南面有两座大山挡住他家的出路，一座叫做太行山，一座叫做王屋山。愚公下决心率领他的儿子们要用锄头挖去这两座大山。有个老头子名叫智叟的看了发笑，说是你们这样干未免太愚蠢了，你们父子数人要挖掉这样两座大山是完全不可能的。愚公回答说：我死了以后有我的儿子，儿子死了，又有孙子，子子孙孙是没有穷尽的。这两座山虽然很高，却是不会再增高了，挖一点就会少一点，为什么挖不平呢？愚公批驳了智叟的错误思想，毫不动摇，每天挖山不止。这件事感动了上帝，他就派了两个神仙下凡，把两座山背走了[2]。现在也有两座压在中国人民头上的大山，一座叫做帝国主义，一座叫做封建主义。中国共产党早就下了决心，要挖掉这两座山。我们一定要坚持下去，一定要不断地工作，我们也会感动上帝的。这个上帝不是别人，就是全中国的人民大众。全国人民大众一齐起来和我们一道挖这两座山，有什么挖不平呢？

昨天有两个美国人要回美国去，我对他们讲了，美国政府要破坏我们，这是不允许的。我们反对美国政府扶蒋反共的政策。但是我们第一要把美国人民和他们的政府相区别，第二要把美国政府中决定政策的人们和下面的普通工作人员相区别。我对这两个美国人说：告诉你们美国政府中决定政策的人们，我们解放区禁止你们到那里去，因为你们的政策是扶蒋反共，我们不放心。假如你们是为了打日本，要到解放区是可以去的，但要订一个条约。倘若你们偷偷摸摸到处乱跑，那是不许可的。赫尔利已经公开宣言不同中国共产党合作[3]，既然如此，为什么还要到我们解放区去乱跑呢？

美国政府的扶蒋反共政策，说明了美国反动派的猖狂。但是一切中外反动派的阻止中国人民胜利的企图，都是注定要失败的。现在的世界潮流，民主是主流，反民主的反动只是一股逆流。目前反动的逆流企图压倒民族独立和人民民主的主流，但反动的逆流终究不会变为主流。现在依然如斯大林很早就说过的一样，旧世界有三个大矛盾：第一个是帝国主义国家中的无产阶级和资产阶级的矛盾，第二个是帝国主义国家之间的矛盾，第三个是殖民地半殖民地国家和帝国主义宗主国之间的矛盾[4]。这三种矛盾不但依然存在，而且发展得更尖锐了，更扩大了。由于这些矛盾的存在和发展，所以虽有反苏反共反民主的逆流存在，但是这种反动逆流总有一天会要被克服下去。

现在中国正在开着两个大会，一个是国民党的第六次代表大会，一个是共产党的第七次代表大会。两个大会有完全不同的目的：一个要消灭共产党和中国民主势力，把中国引向黑暗；一个要打倒日本帝国主义和它的走狗中国封建势力，建设一个新民主主义的中国，把中国引向光明。这两条路线在互相斗争着。我们坚决相信，中国人民将要在中国共产党领导之下，在中国共产党第七次大会的路线的领导之下，得到完全的胜利，而国民党的反革命路线必然要失败。

注释

[1]指在中国共产党第七次全国代表大会上，毛泽东所作的政治报告、朱德所作的军事报告和刘少奇所作的关于修改党章的报告。

[2]愚公移山的故事，见《列子·汤问》。原文是："太行、王屋二山，方七百里，高万仞。本在冀州之南，河阳之北。北山愚公者，年且九十，面山而居。惩山北之塞，出入之迂也，聚室而谋

曰：吾与汝毕力平险，指通豫南，达于汉阴，可乎？杂然相许。其妻献疑曰：以君之力，曾不能损魁父之丘，如太行王屋何？且焉置土石？杂曰：投诸渤海之尾，隐土之北。遂率子孙荷担者三夫，叩石垦壤，箕畚运于渤海之尾。邻人京城氏之孀妻，有遗男，始龀，跳往助之。寒暑易节，始一反焉。河曲智叟，笑而止之，曰：甚矣，汝之不惠。以残年余力，曾不能毁山之一毛，其如土石何？北山愚公长息曰：汝心之固，固不可彻，曾不若孀妻弱子。虽我之死，有子存焉；子又生孙，孙又生子；子又有子，子又有孙。子子孙孙，无穷匮也，而山不加增，何苦而不平？河曲智叟亡以应。操蛇之神闻之，惧其不已也，告之于帝。帝感其诚，命夸蛾氏二子负二山，一厝朔东，一厝雍南。自此，冀之南，汉之阴，无陇断焉。"

[3] 赫尔利（一八八三——一九六三），美国共和党人。他在一九四四年十一月底被任命为美国驻中国大使，因支持蒋介石的反共政策而受到中国人民的坚决反对，于一九四五年十一月被迫宣布离职。一九四五年四月二日他在华盛顿国务院记者招待会上的谈话中，公开宣言不同中国共产党合作。参见本卷《赫尔利和蒋介石的双簧已经破产》和《评赫尔利政策的危险》。

[4] 参见斯大林《论列宁主义基础》第一部分《列宁主义的历史根源》(《斯大林选集》上卷，人民出版社 1979 年版，第 186—187 页)。

（本文选自《毛泽东选集》(第 3 卷)，人民出版社 1991 年版，第 1101—1104 页）